KB192817

한장상,
한국 골프의 전설

일러두기

1. '컨트리클럽'과 'CC'는 같은 뜻이지만, 현재 통용되는 쓰임에 맞게 표기했습니다.
2. 외국의 인명, 지명 및 독음은 외래어 표기법을 따르되 관용적인 표현은 절충해서 실었습니다.

한장상,
한국 골프의 전설

박노승 지음

Korean golf legend

예문당

사진으로 보는
한장상의 역사

1,2,3_한국오픈 우승

4

6

7

6.7.8_1972년 일본오픈 우승

9_1973년 마스터스 출전

9

10_일본 투어에서 활약 중인 한장상(출처: 일본 골프협회(JGA))

11,12_일본 투어에서 활약 중인 한장상(출처: 일본 골프협회(JGA))

11

12

13_1981년 신한동해오픈 우승

14_1982년 신한동해오픈 우승

14

15_제50회 KPGA 선수권대회 50년 연속 출전

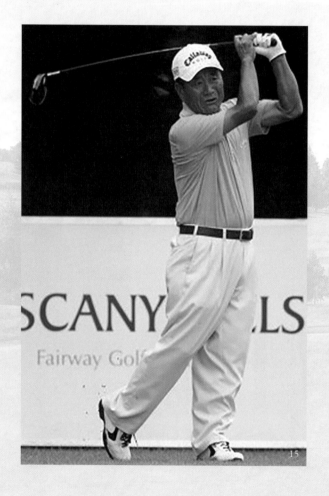

추천사

골프 가족 여러분! 반갑습니다. 한국프로골프협회 회장 김원섭입니다. 한장상 고문님의 전기 발간을 진심으로 축하하며 한 고문님의 골프 인생을 책으로 만날 수 있게 된 점에 대해 깊은 경의를 표합니다.

대한민국 골프의 전설이자 살아있는 역사인 한장상 고문님은 협회 창립회원입니다. 협회가 태어날 수 있게 큰 노력을 기울여 주셨으며 제6대 회장을 역임하신 후에는 고문으로서 협회를 위해 헌신해오고 계십니다.

한 고문님께서는 선수로 활동하시는 동안에도 위대한 업적을 남기셨습니다. 통산 22승을 이뤄내셨으며 1968년부터 1971년까지 'KPGA 선수권대회' 4연속 우승이라는 대기록을 만들어 내셨습니다. 특히 1958년 '제1회 KPGA 선수권대회'부터 2007년 '제50회 KPGA 선수권대회'까지 단일 대회서 50년 연속으로 출전하셨으며 'KPGA 선수권대회' 최다 우승 기록(7회)도 보유하고 계십니다.

1972년에는 일본의 내셔널 타이틀 대회인 '일본오픈' 우승, 1973년에는 한국인 최초로 '마스터스'에 참가하시면서 한국 골프사에 기념비적인 족적을 남기셨습니다.

　　그동안 한 고문님을 찾아뵈면 골프를 시작하게 된 계기부터 골프 선수를 꿈꾸며 도전했던 순간들과 협회 창설 과정 및 후일담, 선수로서 활동하면서 겪었던 에피소드 등에 대해 자주 말씀해 주시곤 했습니다. 한 고문님께서 전해주시는 이야기를 들을 때면 저는 신기하기도 하고 감격할 때도 있었으며 무엇보다 존경심과 경외심이 가슴속 가득 일었습니다.

　　무엇보다 고문님께서 말씀해 주시는 이야기는 우리 대한민국 골프 역사의 소중한 자산이고 반드시 보존해야 할 유산이라고 생각했습니다. 그렇기에 이번 한 고문님의 전기 발간은 7천 2백여 명의 협회 회원들과 선수들 그리고 국내 골프 산업 관계자와 팬들에게 큰 울림과 감동을 선사할 것이라 믿습니다. 더불어 한국 프로골프사에 있어 소중한 사료로 길이 남을 것이라 확신합니다.

　　귀중한 역사를 흥미롭게 소개해 주시며 본 책자 출간을 위해 애써 주신 박노승 교수님의 노고에 고마움을 전하며 아낌없이

본인의 이야기를 펼쳐 주신 한장상 고문님의 업적과 뜻을 다시
한번 기립니다.
　고맙습니다.

한국프로골프협회(KPGA) 회장

김원섭

들어가는 말

한국 프로골프의 역사는 최초의 프로골퍼였던 연덕춘으로부터 시작된다. 일제 치하였던 1941년 스물다섯 살의 나이에 일본 오픈을 제패했던 연덕춘은 민족의 영웅이기도 했는데, 그가 골프를 어떻게 배우고 훈련했는지에 대한 상세한 이야기를 남기지 않고 세상을 떠난 것이 매우 애통하다. 연덕춘에 이어 나타난 두 번째 골프 영웅인 한장상은 1958년 한국에 프로 골프 대회가 생긴 이래 최초로 나타난 스타플레이어이다. 이런 한장상부터라도 전기를 남겨서 한국 프로골프의 역사를 보존하려는 목적으로 집필을 시작하게 되었다.

한국의 골퍼들은 벤 호건, 잭 니클라우스, 타이거 우즈 등 전설적인 선수들의 이야기를 들으며 골프를 배웠다. 역사적으로 가장 위대한 볼 스트라이커가 벤 호건인지 아니면 타이거 우즈인지 열띤 토론을 할 수 있을 정도로 골프 지식이 높은 사람도 많다. 그런데 한국 골프의 전설 한장상의 이야기를 들어 본 골퍼는 드물 것이다. 한장상의 성공담은 세계적인 위대한 골퍼들과 매우 흡사하다. 가난한 캐디로 골프에 입문해서 필사적인 연습을 통해 한국 최고의 골퍼가 되는 과정은 미래의 선수들에게 남기고 싶은 최소한의 이야기들이다.

한장상에게 골프는 삶을 위한 투쟁의 수단이었다. 벤 호건이나 게리 플레이어만큼 연습을 많이 하면서 연습만이 살길임을 본능적으로 알고 있었다. 한장상에게 골프의 기술을 가르쳐준 사람은 없었지만 연덕춘을 모방하며 스윙을 만들어 나갔다. 자기만의 스윙이 완성될 무렵, 그 스윙을 버리고 새로운 스윙을 만들기로 결심했다. 이 결심은 한장상을 전설의 골퍼로 만들어준 결정적인 계기가 되었으며, 그가 골프의 천재였음을 증명하는 확실한 증거이기도 하다.

한장상은 많은 인터뷰 동영상이 남아 있지만, 그 내용 아래에 숨겨져 있는 이야기들은 미처 표현하지 못했다. 이 전기는 한장상이 골프를 시작한 지 70주년이 되는 해에 맞춰서 출간하게 되었으며, 전기를 읽은 골퍼라면 한장상의 골프 인생을 이해하고 그의 위대함에 감동할 것이라 믿는다.

2025년 1월
박노승

차례

한국 골프 영웅의 계보

한국 남자 골프의 영웅들을 역사적으로 살펴보면 '연덕춘-한장상-최상호-최경주-양용은'으로 이어지는 계보가 만들어진다. 이들은 한국 골프 발전에 크게 이바지했으며, 그 시대를 대표하는 최고의 선수라 할 수 있다. 이 전설적인 영웅들에게는 세 가지의 커다란 공통점이 있다.

첫째

모두 열다섯 살 전후로 골프를 시작했다. 어릴 때 일찍 가르칠수록 대선수가 될 수 있다는 생각은 편견이다.

둘째

독학으로 골프를 깨우쳤다. 골프 선생이 기본적인 자세를 가르치는 것은 중요하지만 가르침을 받아서 대선수가 되지는 않는다.

셋째

목숨 걸고 연습에 매진했다. 골프 선수라면 "오직 연습이 챔피언을 만든다."라는 말을 잊지 말아야 한다.

———————————————————————————————— •

1930년, 열네 살의 연덕춘은 경성골프구락부(경성컨트리클럽)의 캐디로 골프 인생을 시작했다. 일본인 헤드프로였던 시라마스가 준 골프채로 골프를 배우기 시작한 연덕춘은 시라마스가 일본으로 돌아간 후 헤드프로 선발 심사에서 베스트 스코어를 치면서 헤드프로가 되었는데, 그때 그의 나이 겨우 열여섯이었다. 2년 만에 한국에서 하나뿐인 골프장의 헤드프로가 된 것만 봐도 그의 뛰어난 재능을 알 수 있다. 1935년에는 일본으로 유학 가서 3개월 만에 일본프로골프협회가 인정하는 프로 자격을 따고 귀국했다. 스무 살의 나이에 한국 제1호 프로골퍼가 된 것이다.

연덕춘은 1938년 일본오픈에 출전해서 3위의 좋은 성적을 거두면서 경험을 쌓은 후 1941년 일본오픈에서 깜짝 우승을 차지했다. 골프입문 11년 만의 쾌거였다. 당시 일제 치하에 있던 한국에 골프라는 스포츠를 아는 사람은 300명도 되지 않았을 것으로 추정되지만, 일본에 가서 그들을 꺾고 우승했다는 신문 기사만으로도 우리 국민들이 느꼈을 위로와 자부심을 상상할 수 있다. 하지만 일본골프협회에서 우승자 연덕춘의 이름을 노부하라 도꾸하루(연원덕춘)로 표기하고, 위키피디아 등 영어 포털사이트를 검색하면 아직도 일본인으로 표기된 것이 매우 안타깝다. 연덕춘은 이때 받은 우승컵을 한국으로 가져왔는데, 제2차 세계대전으로 인해 8년간 일본오픈이 열리지 못하다가 1950년에 다시 대회가 재개되었을 때 우승컵을 일본에 되돌려주지 못했다. 전쟁과 해방을 겪으면서 결국 분실되었으며, 일본골프협회는 지금도 이 사실을 아쉬워하고 있다.

키 167센티미터, 체중 65킬로그램의 연덕춘은 당시로서는 작지 않은 체격이었는데, 1958년 한국 최초의 프로 골프 대회인 KPGA 선수권대회에서 2위와 16타 차이로 우승하여 일본오픈 이후 17년 만에 다시 우승을 맛보았고, 한국에서는 아직 연덕춘이 최고의 프로골퍼인 것을 증명했다. 그는 1968년에 설립된 한국프로골프협회(KPGA)의 2대 회장을 역임하면서 프로골프 발전에 힘을 보태다가 2004년에 세상을 떠났다. KPGA는 2004년부터 덕춘상을 제정하여 매년 최저 타수를 달성한 선수에게 수여하고 있다. 한국 골프의 1세대 영웅인 연덕춘이 자서전이나 전기를 남기지 않고 세상을 떠난 것은 골프 역사에서 너무나 아쉬운 부분이다.

한장상   1938-

1955년 군자리의 서울컨트리클럽에서 캐디 생활을 시작한 한장상은 골프 볼을 처음 쳐본 지 6년 만인 1960년 KPGA 선수권대회에서 첫 우승을

차지했다. 남자 프로 골프 대회가 한국오픈과 KPGA 선수권대회 두 개밖에 없던 1960년대는 그야말로 한장상의 독무대였다. 1960년부터 1972년까지 한국오픈에서 4년 연속 우승을 포함하여 7승을 했고, KPGA 선수권대회에서도 4년 연속 우승을 하면서 7승을 기록했다. 한장상은 국내에서 19승, 일본에서 3승의 기록으로 은퇴했지만, 당시에 프로 대회가 10개만 있었더라도 그의 우승 기록은 50승을 훌쩍 넘겼을 것으로 추정한다. 키 168센티미터에 다부진 체격을 가진 한장상은 팔심이 유난히 강해서 팔씨름으로 그를 이기는 선수가 없었다고 한다.

한장상의 최고 전성기는 1972년 일본오픈에서 당시 일본 골프계의 최고 스타 '점보' 오자키를 한 타 차로 누르고 우승했을 때이다. 이때 그의 나이 서른네 살이었다. 일본오픈 우승자의 자격으로 이듬해 1973년 마스터스에 초대되었고, 한국인 최초로 마스터스에 출전하는 영광을 누렸다. 비록 한 타 차이로 컷을 통과하지 못했지만, 낯선 코스와 잔디 그리고 시차에 적응하지 못하고 출전했던 당시 상황을 감안하면 한장상의 기량은 미국 PGA 투어의 최고 수준 선수에 비해서도 크게 뒤처지지 않았다는 것을 알 수 있다.

제6대 한국프로골프협회 회장과 초대 한국여자프로골프협회(KLPGA) 회장을 역임하며 한국 프로골프의 발전에 공헌한 한장상은 지금도 KPGA 대회의 모든 중계방송을 챙겨보며 후배들의 활약상을 지켜보고 있다.

최
상
호

1955-

최상호는 KPGA 최다승인 43승을 보유하고 있다. 2위 박남신이 20승으로 23승이나 차이가 나는 것을 보면 그의 기량이 얼마나 독보적이었는지 알 수 있다. 중학교 3학년 때 용돈을 벌기 위해 뉴코리아CC에서 볼줍기 등의 아르바이트를 하며 골프를 배우기 시작한 최상호는 프로 테스트에서 여섯 번이나 떨어지면서도 포기하지 않고 훈련을 계속하는 끈기와 집념을 가지고 있었다. 무거운 쇠파이프에 고무줄을 감아 하루에 1천 번 이상 빈 스윙을 한 최상호는 마침내 스물두 살이 되던 1977년 일곱 번째 프로 테스트에서 합격했다.

프로가 되기는 어려웠지만 첫 우승은 빨리 찾아왔다. 1978년 여주오픈에서 당시 한국 최강이던 한장상을 꺾고 첫 우승을 한 후, 2005년 50세의 나이에 매경오픈에서 당시 KPGA 최고령 우승 기록을 세우기까지 꾸준히 활약하며 한국 골프의 신화를 써 내려갔다. 최상호는 우승 43회, 상금왕 9회, 최저타수상인 덕춘상을 11회 수상했는데, 그의 활약은 한국 골프 역사에 중요한 부분이며, 자서전이나 전기 같은 역사적인 기록물로 남겨야 하는 한국 프로골프의 소중한 자산이다.

최
경
주

완도에서 태어나 독학으로 골프를 배운 최경주는 중학생 때까지는 역도
선수로 활약했다. 고등학교에 진학하면서 골프를 배우기 시작하여 1994
년 군대에서 제대한 후 프로골퍼가 되었으며, 한국 프로골프 발전에 선
구자적 역할을 해왔다. 1999년 한국인 최초로 PGA 투어의 Q-스쿨에
합격하면서 2000년 시즌의 PGA 투어카드를 획득하여 후배 선수들에게
미국 PGA 투어 진출이 가능하다는 사실을 증명했고, 실제로 그 이후 많
은 한국 선수들이 PGA 투어 진출에 성공했다.

　PGA 투어 한국인 최초로 우승을 달성하면서 8승, 유러피언 투어 1
승, 아시안 투어 6승, 일본 투어 2승으로 해외에서 17승을 달성했고,
KPGA 투어에서도 17승을 올렸다. 50세가 넘어서 진출한 PGA 투어 챔
피언스(PGA Tour Champions)에서도 2024년 시니어 디오픈을 포함해 메
이저 2승을 하면서 그의 우승 행진은 끝없이 이어지고 있다.

　최경주의 활약은 한국을 넘어 아시아의 골프 영웅으로 인정받기에 충
분하다. 재단을 설립해 주니어 선수 양성에 남다른 후원과 투자를 실천
하는 등 성공한 모든 프로스포츠 선수의 롤모델이다. 최경주의 스토리는
길게 설명할 필요도 없이 한국 최고의 골프 영웅 스토리이다.

양용은

제주도 출신인 양용은은 열아홉 살에 골프를 시작하여 잭 니클라우스의 골프 서적을 보며 혼자 익힌 스윙으로 스물두 살에 처음 언더파를 맛본 늦깎이 골퍼이다. 다른 골프 영웅들에 비하면 양용은의 우승 횟수는 충분해 보이지 않지만, 그럼에도 한국의 골프 영웅으로 선정한 이유는 골프 세계사에서 양용은이 차지하는 비중이 막대하기 때문이다.

양용은은 2009년 PGA 챔피언십에서 우승하여 아시아 최초의 메이저 챔피언이 되었다. 마지막 라운드에서 타이거 우즈에게 2타 뒤진 채로 출발한 양용은의 역전 우승 스토리는 골프 역사상 가장 위대한 3대 역전 드라마에 선정되기도 했다. 타이거 우즈는 그 패배가 자기의 골프 커리어에서 가장 가슴 아픈 패배였다고 고백한 바 있다. 골프 세계사가 인정하는 골프 영웅이라면 한국의 골프 역사에서도 당연히 영웅으로 인정해야 할 것이다.

위대한 메이저 챔피언이지만, 정작 한국에서는 대기업의 스폰서 후원조차 받아보지 못했다. 2021년 마스터스에서 우승한 일본의 마쓰야마가 향후 30년 동안 일본의 기업들로부터 1조 원 이상의 수입을 올릴 것이라는 항간의 보도에 비하면 양용은은 한국에서 너무나 저평가되고 홀대받았으며, 마쓰야마의 수입에 1퍼센트도 안 되는 후원을 받았을 뿐이다.

현재 PGA 투어 챔피언스에서 활약 중인 양용은이 한국을 대표하는 골프 영웅으로 재평가받기를 바라며 이제라도 대기업 스폰서가 나타나서 메이저 챔피언다운 후원을 받을 수 있기를 바란다. 그가 한국 골프 영웅으로서 자부심을 느끼고 계속 활동할 수 있도록 각별한 응원을 보낸다.

양용은 이후에도 한국 남자 선수들의 PGA 투어 활약은 그야말로 전성기를 맞이했다고 볼 수 있을 만큼 좋은 성적을 내고 있으며 국내에서 활동하는 KPGA 톱 플레이어들도 뛰어난 기량을 보여주고 있지만, 아직까지는 골프 영웅의 반열에 오를 정도로 두드러진 성적을 보여준 선수는 없다. 골프 팬들은 새로운 영웅의 탄생을 기다리고 있다.

• 골프와 우연히 만난 한장상

 한장상은 1938년 3월 28일, 아버지 한일용 씨와 어머니 홍승녀 씨 사이에 태어났다. 2남 4녀 중 둘째였다. (호적은 1940년생) 그의 아버지는 충남 보령 출신으로 일제의 강제노역을 피해 황해도와 강원도를 떠돌며 화전민 생활을 하다가 서울 을지로 6가에 정착했지만, 6·25 전쟁으로 인해 고향인 충남 보령으로 다시 피난을 갔다. 아버지는 계속 고향에서 살기를 원했지만 한장상은 1951년 서울 수복 때 어머니를 모시고 형과 함께 상경했다. 서울로 와 보니 성수동에 살던 집은 이미 불에 타서 없어진 후였고, 이리저리 살 곳을 찾다가 간신히 자리를 잡은 곳이 바로 군자리 골프장 근처 화양리였다. 이 선택이 한장상의 운명을 뒤바꾼 결정적인 계기가 되었다.

 6·25 전쟁이 끝나고 1954년에 한국 유일의 골프장인 서울 컨트리클럽의 군자리 코스가 복구되었는데, 한장상의 동네에서 1번 홀 페어웨이가 바로 보일 정도로 가까웠다. 철망 너머로

펼쳐진 넓은 잔디밭에서 스윙하는 사람들의 모습을 종종 구경하곤 했는데, 골프장 안에서 어떤 일이 벌어지는지는 전혀 알 수 없었다. 이듬해 동네 아이들을 통해 골프장 캐디를 하면 돈을 벌 수 있다는 정보를 들은 한장상은 무턱대고 골프장으로 찾아가 캐디마스터를 만나 캐디가 하고 싶다고 말했다. 캐디마스터는 그가 아직 어리고 체격이 작아 캐디로 일할 수 없다고 야단치듯 말했고, 한장상은 그가 무서운 사람임을 대번에 알아차리고 일단 집으로 돌아왔다.

하지만 돈을 벌 수 있는 길이 바로 집 앞에 있는데 쉽게 포기할 수는 없었다. 며칠 후 다시 찾아간 한장상을 본 캐디마스터는 더 심하게 야단치며 쫓아냈지만, 가족들을 위해 돈을 벌어야 하는 그가 세 번째로 찾아가 뭐든 열심히 하겠다고 읍소하자 결국 캐디마스터는 한장상에게 포어캐디 일을 시켜주었다. 그렇게 골프장 안으로 들어가 보게 된 그는 캐디마스터가 시킨 대로 러프를 잽싸게 뛰어다니며 볼을 찾아 깃발을 꽂았다. 좋은 시력을 타고났으며 볼이 러프에 떨어졌을 때 어느 정도 굴러가는지를 단번에 알아차렸으므로 비교적 쉬운 일이었다. 일단 첫날은 캐디마스터가 만족한 듯 보였고, 수고비까지 받아서 집으로 돌아가는 길에 이미 부자가 된 듯 마음이 들떴다.

당시 캐디의 평균 연령은 17~18세 정도였는데 아직 어리고 체격이 작았던 한장상은 캐디마스터에게 잘 보이기 위해 구두통을 만들어 매일 골프장에서 캐디마스터의 구두를 닦고 잔심부름을 하며 비위를 맞추려고 애썼다. 캐디마스터는 결국 어느 골퍼의 골프백을 메고 나가도록 허락했는데 그날이 그가 정식으로 캐디가 된 날이다. 당시 캐디피는 A급 50환, B급 40환, C급 30환이었는데, 캐디마스터가 등급을 결정했으므로 캐디들은 모두 캐디마스터에게 철저히 복종했다.

정식 캐디가 된 기쁨

골프백을 메고 캐디로 나간 첫날은 골프에 대한 지식이 전혀 없어서 스코어를 세는 방법도 몰랐지만, 한장상은 어떻게 해야 손님을 만족시킬 수 있을지 본능적으로 깨닫고 열심히 뛰어다녔다. 유능한 캐디로 인정받는 첫 번째 조건은 볼을 잘 찾는 것이다. 포어캐디를 하면서 절대 볼을 잃어버려서는 안 된다는 것을 미리 배운 한장상은 눈이 좋고 날아가는 볼을 따라가는 시선의 감각도 좋아서 볼을 잃어버리는 경우가 매우 드물었다. 비록 골프백이 무겁고 볼을 찾고 닦아야 하는 일은 고되고 힘들었지만 라운드가 반복되면서 점차 익숙해졌다. 파, 보기 등 골프 용어를 배우기 시작하고, 뛰어난 관찰력으로 손님들의 스윙을 살펴보면서 잘 치는 사람의 스윙과 초보자의 스윙을 구분할 수 있게 되었다. 한장상과 라운드를 한 손님들은 부지런하고 볼을 잘 찾는 그를 좋아할 수밖에 없었고 팁을 두둑하게 받는 날이 많아졌다.

당시 골프장에는 150명 이상의 캐디가 있었는데 골프장에 가서 대기하면 캐디마스터가 일을 나눠주는 방식이었다. 보통 2~3일에 한 번씩 캐디로 나갈 수 있지만 손님과 친해진 캐디는 지명을 받아 훨씬 더 자주 나갈 수 있었다. 부지런하고 열심히 뛰었던 한장상은 명륜동 소재의 소아과 원장과 친해져서 지명을 받을 수 있었는데, 일요일을 제외하고 거의 매일 오는 손님이어서 다른 캐디들이 부러워했다. 운전기사가 골프장 입구에 백을 내려놓으면 지명이 있는 캐디들은 재빨리 자기 손님의 백을 메고 나갈 준비를 했다. 특히 한장상은 차 소리만 들어도 자기 손님이 오는지 알 수 있을 정도였다.

그린피는 하루에 한 번만 내면 무한정 라운드가 가능했는데 캐디피는 라운드마다 받을 수 있어서 손님이 두 라운드를 하는 날은 수입이 두 배가 되어 부자가 된 마음으로 집에 돌아갈 수 있었다. 그렇게 손님들의 스윙을 가까이서 살펴본 한장상은 집으로 돌아오면 나무 작대기를 가지고 혼자 스윙 연습을 해가며 연구하기 시작했다. 캐디가 손님에게 스윙에 관한 조언을 해주면 손님이 훨씬 더 좋아한다는 것을 알았기 때문이다. 스윙을 잘 몰라도 아는 척하며 레슨을 하기도 했는데, 손님이 캐디의 레슨을 얼마나 신뢰하는지는 알 수 없지만, 그의 말을 끝까지 들어주는 것만으로도 행복해졌다.

• 볼을 처음 쳐본 캐디

　1955년 어느 날, 단골이던 소아과 원장이 낡은 아이언 7번과 5번을 한장상에게 주며 골프를 배워보라고 했다. 마음속으로 뛸 듯이 기뻤던 그는 매일 집에서 스윙을 연습하기 시작했다. 골프채가 생기자 다음으로 갖고 싶었던 것은 거울이었는데, 집에는 스윙을 볼 수 있는 거울이 없었으므로 어디든 자기 모습이 비치는 곳을 찾아가 연습했다. 당시에는 아이언보다 우드를 얻기가 어려웠는데, 1년쯤 후에는 우드도 가질 수 있었다. 참고로 골프용품 중에서 가장 얻기가 어려운 품목은 골프백이었다.

　한장상은 중학교를 야간으로 졸업하고 한영고등학교 야간반에 입학했는데, 1학년을 간신히 끝낸 후 돈을 벌기 위해 학업을 중단했다. 공부를 열심히 하지 못했어도 성적은 상위권이었던 것으로 보아 머리가 좋은 학생이었지만, 가정 형편상 학교에 계속 다닐 방법이 없었다. 캐디를 하지 않는 시간에는 다른 일을 해서 돈을 계속 벌어야 했는데, 일 대신 골프 연습으로 시간을 보내자 아버지는 골프를 반대하기 시작했다. 그러나 이 반대도 소아과 원장과의 인연 덕분에 깨끗이 해결됐다.

어느 날 라운드가 끝난 뒤 소아과 원장이 한장상에게 아버지께 말씀드려서 화양리 집 근처에 매입할 만한 좋은 땅이 있는지 알아봐 주면 좋겠다는 말을 남기고 갔다. 그 말을 들은 아버지는 동네를 수소문하여 땅을 찾았고, 구매할 수 있는 땅들을 찾아서 원장에게 소개했다. 원장은 소개받은 땅을 사면서 한장상의 아버지에게 소개비를 두둑하게 지급했는데, 그 이후 아버지의 반대는 없어졌고, 오히려 골프 연습을 많이 하도록 독려했다. "죽으나 사나 골프 연습해라, 비가 오나 눈이 오나 연습장으로 가라."는 말을 입에 달고 살 정도였다. 아버지는 한장상이 큰 상금과 우승컵을 가져오는 것을 좋아했지만 정작 아들이 시합에 나가서 플레이하는 모습은 한 번도 보러 가지 않았다.

어느 정도 스윙 연습이 됐다고 생각한 한장상은 철조망 구멍을 넘어 골프장에 몰래 들어가서 볼을 쳐 보기로 했다. 페어웨이에서 치다가 땅을 파게 되면 발각될까 두려워 이쪽 러프에서 저쪽 러프로 치려고 했지만, 생각한 대로 볼이 잘 맞지 않았고, 엉뚱한 방향으로 날아가서 애써 모은 볼 두 개만 잃어버리고 돌아왔다. 연습장에서도 한 번도 안 쳐본 볼이 잘 맞을 리가 없었다. 이때 골프 스윙은 상상처럼 쉬운 것이 아니고 반드시 연습이 필요하다는 것을 알게 되었다. 골프채를 들고 다닐 수 없었던 한장상은 철조망 구멍 근처에 있는 작은 가게에 늘 맡겨 놓고 다녔다.

연습장에서 볼을 치려면 우선 캐디마스터의 눈을 피해야 했다. 혹시 발각되면 캐디도 못 하게 될까 두려웠지만 몰래 볼을 치는 자체가 너무 재미있었다. 골프 선수가 뭔지도 모르면서 잘 치고 싶은 욕심은 점점 커졌고, 그렇게 한장상의 기량은 발전해 갔다. 라운드가 너무 해보고 싶어서 어두워질 무렵 아무도 없는 시간에 혼자 들어가서 쳐 보기도 했는데, 클럽하우스에서 보이는 파 3 10번 홀을 피해 다음 홀로 뛰어다니며 플레이했다.

떡잎부터 달랐던 한장상

1956년, 군자리에서 골프를 즐겨 치던 미국 대외원조처 (USOM: 미국 원조기관의 현지 파견단) 요원들이 서울컨트리클럽의 전 직원과 캐디가 참가하는 대회를 열었다. 원래 미국의 명문 골프장들은 매년 크리스마스에 캐디를 위한 골프대회를 열어 손님이 친한 캐디에게 자기 골프채를 빌려주는 전통이 있는데, 대외원조처의 미국인 처장이 그 전통을 알고 있었고 한국에서도 열고 싶어한 것이다. 이때 1등 상품은 윌슨 아이언 풀세트, 2등이 우드 세트, 3등은 퍼터와 웨지였다. 캐디 골프대회는 캐디들이 몰래 연습하면서 숨겨왔던 기량을 공식적으로 펼쳐 보일 수 있는 귀중한 기회였다.

당시 한장상도 골프채 몇 개를 얻어 출전했는데, 이 대회에서 우승을 거두며 꿈에서도 갖고 싶었던 아이언 풀세트를 상품으로 받아 본격적으로 골프를 시작하게 되었다. 골프를 치기 시작한 지 일 년 만의 일이었다. 그는 원래 운동신경이 뛰어났는데 어려서부터 운동을 좋아해서 축구를 많이 했고, 체육관에서 복싱도 배웠다. 골프를 배우기 전에 했던 여러 가지 운동들은 한장상의 골프 기량 향상에 큰 도움이 되었다.

이 대회는 한장상의 기량을 확인해 준 대회였으며, 이후 이 사장과 손님들이 그를 알아보기 시작했다. 한장상은 서울컨트리클럽에 새로 생긴 양성자 과정에 등록했는데, 이 과정은 서울컨트리클럽 이사장이 프로골프 선수를 육성하기 위해 창설했다. 기량이 낮은 회원들에게 레슨을 해 줄 프로가 부족한 탓에 나온 정책이었다. 이 과정에 등록한 캐디들은 일과가 끝나면 연습이 가능했으며 캐디마스터가 총괄 관리했는데, 캐디들이 골프 치는 것을 못마땅하게 생각하던 캐디마스터는 캐디들의 조그만 실수에도 심한 욕설을 퍼부어 댔다. 그래도 한장상은 양성자 과정 덕분에 처음으로 18홀 라운드를 해 보면서 자기 실력을 가늠해 볼 수 있었다.

1957년에는 양성자 과정 학생들을 대상으로 한 월례경기가 생겼다. 학생 중에서 누가 잘 치는지를 평가해 보기 위한 목적이었다. 이 월례경기에는 헤드프로였던 연덕춘도 참가해서 75타 정도의 실력을 보여 주었고, 한장상은 80타를 훨씬 넘기는 점수가 나와서 연덕춘을 따라가려면 피나는 연습이 필요하다는 것을 새삼 깨달았다. 연덕춘은 학생들의 우상이었고 정신적인 지주였지만 단 한 번도 개인적인 레슨을 해주지 않았다. 대선수로부터 뭔가 한마디 듣고 싶었지만 감히 물어볼 수 없는 그런 분위기였다. 한장상은 연덕춘이 연습하는 모습을 지켜보면서 그의 스윙 동작을 머릿속에 이미지로 남겼다가 흉내 내며 자기 스윙을 만들어 갔지만, 잘 따라 하고 있는지 전혀 알 수가 없었다.

어느 날 골프장 회원들을 위해 클럽하우스에서 벤 호건(Ben Hogan)의 스윙을 활동사진으로 상영했는데, 한장상도 이때 따라가서 볼 수 있었다. 벤 호건의 스윙에 감명을 받은 한장상은 손님들에게 이리저리 수소문하여 벤 호건의 레슨북 『파이브 레슨스』를 구해서 보기 시작했다. 영어책이므로 읽을 수는 없었고 그림만 보면서 흉내를 내 보았지만 자기가 맞게 따라 하는 것인지 확신을 가질 수 없었다. 아무도 쳐다보지 않고 가르쳐 주지 않는 길을 혼자서 찾아가는 과정이었으므로 스윙을 계속 바꿔가면서 자기만의 해답을 찾으려 애썼다. 갑자기 볼이 잘 맞는 날은 해답을 찾은 듯이 기뻐하고 그 느낌을 잊어버리지 않으려 애썼지만, 다음날 아침 일찍 연습장에 가면 그 느낌이 되돌아오지 않아 실망하는 과정이 되풀이되었다.

• 위대한 선수들과 판박이 같은 인생 스토리

한장상이 가난한 가정에 생활비를 보태기 위해 캐디가 되었고, 손님이 준 골프채로 골프를 배워 캐디 골프대회에서 1등을 한 이야기는 외국의 위대한 골프 선수들이 남긴 어릴 적 이야기와 판박이처럼 똑같다. 영국의 해리 바든(Harry Vardon)이나 미국의 월터 하겐(Walter Charles Hagen), 진 사라센(Gene Sarazen), 바이런 넬슨(John Byron Nelson Jr), 샘 스니드(Samuel Jackson Snead), 벤 호건 등 위대한 선수들은 우연하게도 집 근처에 골프장이 있었고, 돈을 벌기 위해서 캐디가 되었다가 골프를 배웠다. 캐디마스터 몰래 연습해서 도둑 라운드를 한 스토리도 모두 비슷하다. 프로골프가 생긴 초기에 부유한 가정의 자제들은 모두 아마추어 골퍼였고, 프로 선수는 하위계층의 직업이었다.

위대한 선수들의 공통점은 역시 선천적인 골프 재능을 갖고 태어났다는 것이다. 스윙을 가르쳐 주는 사람도 없었고 누구의 스윙을 따라 해야 하는지도 알 수 없었다. 오직 볼을 쳤을 때의 느낌과 자기의 운동신경에 따라서 본능적인 스윙을 만들었다. 그래서 위대한 선수들의 스윙은 저마다 다른 모습이고 "챔피언은 언제나 새로운 스윙을 가지고 나타난다."라는 말도 생긴 것이다. 본능적인 스윙은 자연스러운 스윙이고, 그 선수의 체형에 가장 적합한 스윙이며, 긴장감과 압박감이 높아지는 경쟁 상황에서 반복할 수 있는 가장 좋은 스윙이다. 특히 연장전을 해야 하는 상황이라면 긴장감이 최고로 올라가는데 이때 본능적인 스윙을 가진 선수가 유리하다. 한장상이 현역 시절 여섯 번의 연장전 중 다섯 번이나 승리할 수 있었던 것도 스스로 개발한 본능적인 스윙 덕분이다.

● 왼쪽이 더 중요하다는 잘못된 생각

  한장상은 캐디를 하면서 약 2년 동안 복싱을 배우며 체력을 단련했는데, 그때 했던 달리기와 웨이트트레이닝은 훗날 프로골퍼로 활동하는 데 큰 도움이 되었다. 신사 운동인 골프를 배우며 복싱을 하는 것이 마음에 걸려 중단했지만, 강한 팔심과 타고난 펀치력 덕분에 누구와 싸워도 지지 않는다는 자신감을 가질 수 있었다. 이때쯤 손님 중 누군가가 골프를 잘 치려면 손힘이 좋아야 하며 오른손보다 왼손 힘이 훨씬 더 중요하다는 팁을 전해주었다. 그 말을 들은 한장상은 악력기를 왼손에 달고 다니다시피 하면서 하루에 수백 번씩 쥐었다 펴는 운동을 했으며, 집에서는 아령을 사용해서 왼쪽 팔운동을 집중적으로 했다. 스윙 때도 70퍼센트 이상 왼쪽이 주도하도록 훈련했고, 그 결과 왼쪽 손목이 오른쪽보다 훨씬 두꺼워지는 기형이 되었다.

  그러나 왼손을 더 강하게 만들어야 한다는 정보는 잘못된 것이었다. 대선수가 되려면 손힘이 강해야 된다는 말은 맞지만 양쪽 손이 같은 힘을 낼 수 있도록 균형 있게 발달해야 한다는 것을 뒤늦게 알게 되었다. 커리어 그랜드슬램을 처음으로 달성했던 진 사라센은 165센티미터의 단신이었고 손이 유난히 작았다. 그래서 양쪽 손힘을 기르기 위해 테니스공을 쥐어짜면서 성장했다. 진 사라센이 20센티미터나 더 큰 선수들보다 장타를 칠 수 있었던 것도 손과 손목의 힘을 기른 덕분이었다.

한장상은 그립을 잡을 때 최대 악력 대비 60~70퍼센트의 힘으로 잡았다고 말하는데, 사실 그 힘은 일반인이 90퍼센트 이상 잡는 정도의 강한 힘이다. 예전에 필자의 손을 그립 잡는 힘으로 잡은 적이 있는데, 상당한 힘이 느껴졌다. 좋은 샷을 치려면 그립을 단단하게 잡아야 하고 손목과 어깨의 힘을 빼서 헤드의 무게를 느껴야 한다.

● 6·25 이후에 복구된 군자리 골프장

 군자리 골프장은 일제 강점기 때 조선총독부의 동의를 받아 1930년 6월에 개장했다. 경성골프구락부로 불렸던 군자리 골프장은 한국 골프의 총본산이자 메카였지만, 제2차 세계대전으로 인해 농지로 전용되면서 1943년 폐쇄되었다. 군자리 골프장이 복구된 계기는 우연이었다. 1949년 8월 15일 정부수립 1주년 기념식에 참석한 이승만 대통령은 한국에 주둔한 미군 장성들을 만나 대화했다.

 "주말에는 어떻게 시간을 보내십니까?"

 "한국에는 골프장이 없어서 군용기를 타고 오키나와에 가서 골프를 치고 돌아옵니다."

 이승만 대통령은 깜짝 놀랐다. 북한과 언제 전쟁이 일어날지 몰라서 긴장하고 있는데 미군 장성이 주말에 외국으로 나가는 것은 심각한 문제가 될 수 있었다. 이승만은 총무처장에게 조속한 시일 내에 골프장을 건설하라고 지시했고, 검토 끝에 새

로운 골프장을 건설하는 것보다 군자리 골프장을 복구하는 것
이 더 빠르다는 결론이 나왔다. 그러나 골프장 폐쇄 후 그곳에
서 농사를 짓던 소작농들의 강력한 반발을 무마하는 작업이 어
려웠다. 우여곡절 끝에 1950년 5월에 군자리 골프장을 복구하
여 재개장했지만 불과 한 달 만에 6·25 전쟁이 일어나 제2차
세계대전 때보다 훨씬 더 심각한 상태가 되었다. 골프장 복구
에 불만을 가졌던 소작농들이 거센 분풀이를 하여 복구가 불가
능할 정도로 파괴해 놓았기 때문이다.

　1953년 7월 휴전협정이 조인된 후 이승만 대통령의 강력
한 골프장 복구 의지를 발판으로 군자리 골프장 재건 움직임이
일어났는데, 발기 위원들은 복구나 재건이라는 단어를 피해서
'서울컨트리클럽 창설 동의자'라는 모임을 만들었고, 이순용을
필두로 각계각층의 주요 인사 18명이 모였다. 이승만은 골프장
이 단순한 스포츠 시설이 아니라 국익을 위한 외교 무대이므로
국정을 위한 필요 시설이라고 생각했다. 이순용은 이승만 대통
령이 신임하여 재건 임무를 맡긴 인물로서 체신부 장관, 내무
부 장관을 거쳐 외자관리청장을 하고 있었는데, 소위 불도저식
추진력을 갖춘 인물이었다.

　1953년 11월 서울컨트리클럽을 창립한 이순용은 6,160야
드 파 69였던 코스를 6,750야드 파 72로 확장하여 국제 규모

골프 코스로 1954년 7월에 개장했다. 골프장의 공식 명칭도 이전의 경성컨트리클럽이 아닌 서울컨트리클럽으로 변경되었고, 초대 이사장으로 이순용이 취임하였다.

　이순용(1897~1988)은 키가 작으면서 목소리가 카랑카랑하며 깐깐한 성격이었는데 골프장에서는 그의 말이 곧 법이라는 인식이 있을 정도로 카리스마가 있었다. 골프장을 너무 사랑해서 라운드를 하다가 잡초를 발견하면 골프를 중단하고 그 잡초들을 다 뽑아낸 후 이동했다. 한장상은 그를 직원 골프대회 1등 시상식에서 처음 가까이 만났는데, 상품을 시상하던 이순용은 "자네가 한장상인가? 열심히 해보게."라고 말하며 격려해 주었다.

한장상의 최고 은인, 이순용 이사장

　1958년은 제1회 한국오픈과 KPGA 선수권대회가 열렸던 해이다. 시합 개최 소식을 들은 한장상은 모두 퇴근하기를 기다렸다가 쇼트게임과 벙커샷을 연습했다. 해는 이미 졌지만 밝은 보름달 덕분에 연습을 할 수 있었는데, 죽은 듯 고요해진 골프장에서 혼자 샷을 하던 한장상은 누군가 다가오는 인기척을 느끼고 샷을 중단했다. 어둠 속에서 다가온 사람은 다름 아닌 이순용 이사장이었다. 한장상은 부동자세를 취하면서 이순용이 다가오기를 기다렸다.

　"한장상, 안 들어갔구나." "죄송합니다….""뭐가 죄송해? 늘 보고 있었어. 골프 잘할 수 있겠나?" "네, 연습만 하게 해주시면 할 수 있습니다." "지금 연 프로 퇴근했나 보고, 퇴근했으면 내일 아침에 함께 사무실로 오게."

　연덕춘을 못 만나고 집으로 돌아온 한장상은 긴장된 마음에 잠을 설치며 기다렸다가 아침 일찍 서둘러 출근해서 연덕춘을 찾아갔다. 그에게 어제저녁 있었던 일을 보고한 후 함께 이순용의 사무실로 갔는데, 이순용의 지시는 짧고 놀라웠다. "연프로, 오늘부터 한장상이 마음대로 골프 연습을 하고 라운드를 할 수 있도록 하게. 그리고 내 지시를 캐디마스터에게도 전달하게." 이순용은 국제 프로 골프 대회에 출전할 수 있는 선수 육성이 시급하다는 생각을 늘 가지고 있었는데, 한장상을 지켜보다가 유망하다는 판단이 서자 집중적으로 지원하기로 한 것이다. 그 이후 한장상은 이순용으로부터 물심양면 후원을 받게 되었다.

이순용을 만난 그날은 스무 살의 한장상이 진짜로 골프를 시작한 날이나 다름없다. 그날 이후 한장상은 아버지 말씀대로 비가 오나 눈이 오나 연습에 매진했으며, 그 소문은 회원들 사이에 퍼져 나갔다. 이순용의 중재로 동일방직의 창업자인 서정익 회장이 한장상을 촉탁 직원으로 채용하고 월급을 주자 생계까지 해결되었다. 그는 마음속으로 하늘이 열심히 연습하는 나를 버리지 않았다고 감격하며 힘을 냈다.

이순용은 한장상과 함께 라운드도 하기 시작했는데 골프선수로 성공하려면 머리를 잘 써야 한다고 가르쳤고, 중요한 순간에 배짱이 있어야 한다는 말도 해주었다. 또 주변 지인들에게 한장상을 골프계의 국보로 키워야 한다는 말을 자주 했다.

이순용 이사장은 한장상의 골프 인생에 최고의 후원자였다.

서울컨트리클럽을 창립한 이순용의 흉상은 고양시 서울한양 컨트리클럽 신코스 그늘집 앞에 있는데, 인터뷰 당시 이순용에 대해 이야기하던 한장상은 흉상을 찾아가 인사를 드리고 싶어 했다. 2024년 11월, 서울한양컨트리클럽을 찾아간 한장상은 이순용 흉상을 한참 동안 바라보며 생각에 잠겼다가 땅바닥에서 절을 하고 돌아섰다. 서울한양컨트리클럽 이사장과 한양컨트리클럽 대표이사가 역사적인 순간이라며 환영해 주었다. 돌아오는 차 안에서 이런 말을 들을 수 있었다. "이제 다시 못 뵙겠지만, 이사장님을 만나지 못했다면 한장상이라는 존재도 없었을 것이라고 말씀드렸습니다."

이순용 이사장 흉상을 찾아간 한장상

한장상이 기억하는 군자리 골프장 18홀 코스

1954년 복구되어 1972년 박정희 대통령의 지시로 폐장할 때까지 18년 동안 군자리 코스의 서울컨트리클럽은 한국 골프의 총본산이자 메카였는데 6,750야드 파 72의 코스를 다시 6,900야드까지 길게 세팅하여 메이저 프로 대회들을 주관했다. 지금의 한국프로골프협회(KPGA)와 대한골프협회의 역할을 모두 서울컨트리클럽이 했던 것이다. 벌써 52년 전에 없어진 코스지만 연덕춘이 설계한 난도가 높은 명문 코스였으며, 산을 이용한 지형의 변화가 심하고 중간마다 연못들도 있어서 티샷이 특히 까다로웠다. 반 이상의 그린이 언덕 위에 있는 포대 그린 모양이어서 세컨드 샷을 치기도 어려웠다.

A, B 두 개의 그린을 사용했는데 솥뚜껑 모양의 그린들도 여러 개 있어서 퍼팅이 아주 어려웠고 어느 홀 하나 만만하게 플레이할 수 있는 홀이 없었다. 특히 그린이 빠른 시합 날에는 퍼팅에서 승부가 날 정도로 어려웠다. 이제는 사진만 조금 남아

있을 뿐이고 정확한 도면이 없는 군자리 골프장 코스를 상세하게 기억하는 사람은 거의 없다. 그중 한 사람인 한장상이 기억하는 18홀의 모습을 하나씩 돌아보자.

1번 홀 - 385야드 파 4

오르막 홀로써 티샷을 220야드 이상 쳐야 언덕 위의 평평한 곳에서 세컨드 샷을 할 수 있다. 포대 그린이어서 세컨드에 온 그린이 어렵고, 그린을 미스하게 되면 쇼트게임도 어렵다. 포대 그린이면서도 언듈레이션이 많아 퍼팅까지 어려운 홀이므로 일단 파로 스타트하면 아주 만족스러운 결과라고 생각해야 한다.

2번 홀 - 415야드 파 4

1번 홀보다 쉬워서 한숨 돌린 기분으로 플레이할 수 있는 비교적 평평한 홀이다. 티샷을 하면 140~150야드 정도가 남는데 그린 앞에 푹 꺼진 페어웨이를 넘겨서 쳐야 한다. 세컨드 샷이나 퍼팅의 난도가 높지 않아서 버디를 노리면서 칠 수 있다.

3번 홀 - 210야드 파 3

4, 5번 아이언 정도의 거리이며, 그린을 수비하고 있는 깊은 벙커 3개가 있다. 바람이 있으면 3번 아이언을 쳐야 하므로 아이언이 중요한 홀이

다. 보기가 많이 나온다.

4번 홀 - 410야드 파 4

페어웨이 중간부터 왼쪽이 높은 지형이라서 티샷이 오른쪽으로 흘러내린다. 따라서 페어웨이 왼쪽으로 드로를 쳐야 유리하다. 세컨드 샷을 할 때는 대부분 볼이 발보다 낮은 위치에 있어서 자연스러운 페이드가 나는데 그린 오른쪽에 있는 긴 벙커에 잘 들어간다. 파가 쉽지 않다.

5번 홀 - 520야드 파 5

페어웨이 왼쪽 150~200야드까지 연못이 있는데 연못을 넘기면 세컨드 샷으로 그린 근처까지 갈 수 있다. 장타자는 투 온도 가능하다. 연못을 피해서 오른쪽으로 치면 안전하지만 거리가 멀어지므로 강한 바람이 없으면 거의 연못을 넘겨 친다. 버디 기회가 많은 홀이다.

6번 홀 - 480야드 파 5

페어웨이 180~200야드쯤부터 작은 오르막 언덕이 있어서 넘겨 쳐야 하는데 거리가 충분히 나지 않으면 언덕을 넘어도 내리막 라이에 걸려 세컨드 샷이 까다롭다. 왼쪽 230야드 지점부터 그린 앞까지 연못이 있는데 왼쪽이 낮은 지형이므로 우드로 치다가 혹이 나면 물로 들어간다. 5번보다 조금 더 어려워서 버디가 많이 나오지는 않는다.

7번 홀 - 165야드 파 3

아이언 7번 거리인데 바람만 없으면 쉽게 온 그린이 가능하다. 약간 오르막 그린에 벙커 세 개가 수비하고 있는데, 짧은 홀이지만 벙커에 들어가면 보기도 자주 나온다. 항상 바람이 불고 있는 홀이라서 바람의 방향을 잘 체크하는 것이 중요하다.

8번 홀 - 410야드 파 4

유명한 홀이다. 페어웨이 200야드 지나서부터 그린까지 25~30야드나 올라가는 가파른 오르막이다. 세컨드 샷이 블라인드 샷이고, 아이언 5, 6번을 치는데 그린이 안 보이는 것은 물론이고 깃발이 보이지 않는 날도 많다. 그린 주변에 벙커는 없는데 왼쪽으로 당겨치면 10야드 이상 깊은 러프로 내려가므로 오른쪽을 목표로 쳐야 한다.

9번 홀 - 390야드 파 4

티 박스가 높은 곳에 있어서 25야드 이상 내려치는 홀인데 왼쪽에는 실개천이 있고, 오른쪽에는 언덕을 넘어가면 연습장이 있어서 OB이다. 티샷을 정확하게 치면 파는 비교적 쉽다. 골프에서 내려치는 샷이 올려 치는 샷보다 더 어렵다는 것을 감안하면 쉬운 홀은 아니다.

9번 홀이 끝나고 10번 티 박스로 이동하는 거리는 약 300야드 정도 되는데, 드라이빙 레인지를 지나면서 누가 연습하고 있는지 볼 수 있다. 레인지를 지나면 야외에 정자와 대나무 의자가 있어서 쉬어갈 수 있고, 오른쪽에 클럽하우스가 있는데 조금 더 가면 새로 지은 메인 식당을 지나서 10번 티 박스에 도착한다. 메인 식당에서 플레이어가 지나가는 모습이 잘 보이지는 않는다.

10번 홀 - 210야드 파 3

거리가 200야드 이상인데 은근히 어려운 홀이다. 티 박스 앞에 연못이 있는데 A 그린 쪽으로 넘기려면 160~170야드를 캐리해야 하고, B 그린 쪽으로 피해 가려면 120야드면 넘어간다. 티샷을 우드로 칠 때가 많은데, 파만 해도 만족스러운 홀이다.

11번 홀 - 575야드 파 5

가장 긴 파 5홀이다. 왼쪽에는 10번 홀과 연결된 연못이 있지만 넘기기 쉽다. 티샷을 오른쪽으로 치면 나무의 방해를 받는다. 세컨드 샷에서 우드를 치면 30~40야드 앞까지 가는데, 맞바람이면 80~90야드가 남는다. 거의 항상 맞바람이 부는 홀이므로 투 온은 어렵다. 파 5지만 버디가 잘 안 나오고 파 정도면 좋다.

12번 홀 - 370야드 파 4

티샷이 가장 어렵다. 티샷이 왼쪽으로 흐르는 페어웨이라서 왼쪽 러프로 잘 가고, 이를 피해 오른쪽으로 치면 13번 홀 티 박스 쪽으로 가서 세컨드 샷이 어려워진다. 티샷을 잘 치면 그린까지 100야드 정도 남아서 온 그린이 쉽지만, 그린을 넘어가면 키보다 더 깊은 벙커로 들어가서 보기가 되기 쉽다. 버디도 많고 보기도 많은 홀이다.

13번 홀 - 400야드 파 4

티샷부터 그린까지 모두 어렵다. 페어웨이는 왼쪽으로 흘러내리는 경사이고, 오른쪽에는 나무나 다른 지형적 장해물들이 있다. 긴 홀이라서 세컨드 샷에 4, 5번 아이언을 치는데 짧으면 다시 내려온다. 보기 확률이 50퍼센트 이상 되는 어려운 홀이다.

14번 홀 - 200야드 파 3

약간 올려 치는 홀인데 티샷이 까다롭다. 오른쪽이 A 그린인데 조금만 당겨지면 왼쪽의 B 그린 쪽으로 내려가서 B 그린에 온 그린 되므로 자주 드롭하고 치는 홀이다. 파만 해도 괜찮다.

15번 홀 - 545야드 파 5

20야드 이상 내려치는 티샷인데 왼쪽에 물이 있고 오른쪽으로 밀리면 17번 페어웨이 쪽으로 간다. 17번 쪽으로 가도 플레이가 가능하지만, 나무의 방해 때문에 그린 쪽으로 가기 어렵다. 세컨드 샷을 치면 100야드 이내로 들어가는데 그린이 30야드 이상 높은 곳에 있어서 깃발이 안 보이고 웨지샷 거리를 맞추기가 쉽지 않다. 버디를 잡기는 어렵다.

16번 홀 - 335야드 파 4

마지막 세 홀이 변수가 많은 승부처라서 한두 타 차이의 선두 자리는 얼마든지 바뀔 수 있다. 가장 짧은 파 4홀이지만 어렵다. 티샷으로 오른쪽 언덕을 넘기려면 220야드 이상 캐리해야 하는데, 못 넘기면 오른쪽으로 심하게 흘러 내려가서 러프에 들어간다. 스윙을 바꾸면서 거리가 줄었을 때 특히 어려웠다고 한다. 장타자는 오른쪽 언덕을 넘겨서 그린 앞 50야드까지도 갈 수 있지만 세컨드 샷이 쉽지 않다. 포대 그린인데 앞뒤에 깊은 벙커가 있고 그린의 앞뒤 폭이 무척 좁다. 그린을 미스하면 거의 보기를 하므로 버디도 많고 보기도 많은 홀이다.

17번 홀 - 415야드 파 4

티 박스를 높여 놔서 내리막 샷 후 세컨드 샷은 오르막이다. 전장이 길어서 어려우며 왼쪽으로 휘어지는 홀인데, 220야드쯤 왼쪽 코너에 있는 벙커에 잘 들어간다. 티샷이 잘 맞으면 5번 아이언, 조금 빗맞으면 3, 4번 아이언을 쳐야 하므로 거리 부담이 있다. 그린 조금 못 미쳐서 오른쪽에 큰 벙커가 있는데 깊은데다 그린 센터까지 30야드나 되어서 그린에 못 올리는 경우도 많다. 한장상은 이 홀에서 세 번이나 역전 우승한 기억이 있다.

티샷을 클럽하우스 방향으로 25야드쯤 내려친다. 좌측에 산이 있어서 오른쪽으로 흐르는데 220야드쯤에 벙커가 있다. 보통은 벙커를 넘길 수 있지만 맞바람이면 벙커를 넘기기 어렵다. 그린까지는 거의 평지이고 세컨드 샷에 5, 6번 아이언을 잡는데, 바람이 있으면 3, 4번을 쳐야 한다. 파로 마무리하면 대만족이다.

서울컨트리클럽 군자리 코스도

클럽하우스에 출입할 수 없었던 영미 프로골퍼

19세기 스코틀랜드에서 골프가 발전하기 시작할 때 골프는 '젠틀맨의 스포츠'로 인식되었다. 젠틀맨이라는 단어는 계급의식이 있던 사회에서 최상류층을 의미한다. 반면 프로골퍼는 대부분 캐디 출신이거나 골프장 노동자 출신으로 평민 이하의 계급이었고, 아마추어 골퍼인 젠틀맨의 심부름꾼 정도 대우를 받았다. 쉽게 말해서 아마추어 골퍼는 상류계급이고, 프로골퍼는 하류계급인 것이다.

골프장의 클럽하우스 역시 젠틀맨이 모여서 라운드 후 사교를 하는 장소여서 프로골퍼 같은 평민 계층 사람들은 출입할 수 없었다. 디오픈 같은 메이저 골프대회가 생기고 1900년대 초반에 해리 바든처럼 디오픈에서 6승을 올린 위대한 프로골퍼들이 나타났지만, 디오픈의 우승도 신분을 젠틀맨으로 바꿔주지는 못했다. 결국 바든도 젠틀맨의 초대를 받았을 때만 클럽하우스에 들어갈 수 있었고 혼자서는 출입할 수 없었다.

1928년 미국 최초의 프로골퍼 월터 하겐이 디오픈에서 세 번째 우승을 차지했다. 이 대회에 골프를 좋아하는 영국의 왕세자 에드워드(훗날 킹 에드워드 8세)가 갤러리로 왔다가 하겐에게 우승컵을 시상했고 며칠 동안 함께 골프를 치고 미국으로 돌아갈 것을 제안했다. 다음 날 에드워드가 하겐과 라운드를 한 후 점심을 위해 함께 클럽하우스에 들어갔는데 아무도 주문을 받으러 오지 않았다. 분위기가 이상한 것을 눈치 챈 왕세자가 매니저를 불러서 자초지종을 묻자 매니저는 "영국의 골프클럽 전통상 프로골퍼가 클럽하우스에 들어올 수 없으므로 주문을 받을 수 없었다."고 해명했다. 화가 난 에드워드 왕세자는 그 전통을 당장 고쳐서 영국의 모든 골프장 클럽하우스에 프로골퍼가 자유롭게 입장할 수 있도록 하라는 명을 내렸고, 다음 날 아침부터 영국의 모든 골프장에서 프로골퍼들이 클럽하우스에 자유롭게 출입하며 식사를 할 수 있게 되었다.

영국의 전통을 그대로 배워온 미국 골프장 분위기도 영국과 같아서 골프클럽의 회원들만 클럽하우스 출입이 가능했고 프로골퍼들에게는 금지되어 있었다. 프로골퍼들은 자기의 음식을 가져오든지 아니면 클럽하우스 밖에 있는 직원 식당에서 식사를 해결해야 했다. 문제는 골프대회 기간 중에도 골프장 식당을 사용하지 못하다 보니 프로골퍼들의 불만과 원성이 높아

져갔다. 결국 1920년 US 오픈에서 미국 프로골퍼 중 최고참이
며 스타 플레이어였던 하겐이 동료 선수들을 설득해서 단체행
동에 들어갔다. 프로골퍼에게 클럽하우스를 개방하지 않으면
US 오픈을 보이콧하겠다고 미국골프협회(USGA)에 통보하자
문제의 심각성을 알아챈 USGA가 개최 골프장인 인버니스 골
프클럽을 설득하여 대회에 참가한 프로골퍼들이 자유롭게 클
럽하우스 식당에서 식사할 수 있게 되었다. 그 이후 다른 골프
클럽들이 하나둘씩 인버니스 골프클럽의 결정을 따라가게 되
면서 프로골퍼들의 자유로운 클럽하우스 출입이 이루어졌다.

● 마찬가지였던 서울컨트리클럽 클럽하우스

1954년 서울컨트리클럽이 개장되었을 때의 분위기도 미국, 영국의 골프클럽 분위기와 비슷했다. 대한민국은 자유민주주의 공화국이고 계급이 없는 사회지만, 경제적 사회적인 능력에 따라 눈에 보이지 않는 계급이 늘 존재해왔다. 특히 서울컨트리클럽의 회원들은 고급 공무원, 국회의원, 한국은행 총재와 시중은행장, 대기업 총수, 언론사 사장 등 대한민국을 대표하는 최고위층 인물들이었다.

1955년 11월 26일 경향신문에 보도된 서울컨트리클럽의 기사가 당시 분위기를 잘 설명해 준다. "놀고먹는 땅 20만 평, 대 호화판 컨추리클럽 꼴푸장, 금력과 권력의 특수지, 자동차가 없으면 도저히 올 수 없는 곳, 10만 환이 없으면 입회할 수 없는 클럽, 돈이 있어도 고관대작, 실업가, 정치가 등 그러한 지대의 사람이 아니면 끼어들기 힘든 곳." 같은 해의 동아일보 기사를 봐도 골프장에 대한 반감이 드러난다. "서울컨트리클럽 군자리 코스는 일본의 잔재인 이방 지대이다. 당연히 폐쇄되어야 마땅하다. 그 용지는 농민의 품으로 돌려주어야 한다."

이런 특권층의 전유물인 서울컨트리클럽에 최빈곤층의 아들이었던 한장상이 나타나 캐디로 시작해 골프 선수로 성장하여 KPGA 선수권대회에서 우승하고 한국오픈 챔피언이 되었다고 해서 기존 회원들이 그를 동급 수준으로 받아들이지는 않았다. 회원들의 기억 속에서 한장상은 언제나 가난한 캐디나 심부름 꾼 정도의 이미지였고, 그것은 바꿀 수 없는 계급이었다. 서울컨트리클럽의 식당에 프로골퍼가 입장할 수 없다는 확실한 규정은 없었지만 회원이나 프로골퍼 모두 묵시적인 불문율이 있다는 사실을 인지하고 있었다. 프로골퍼들은 직원 식당에서 밥을 먹을 수 있는 것만으로도 만족하며 살아야 했다.

1960년대 중반, 한장상이 한국 프로골프의 최강자로 인정받았을 때쯤 이순용 이사장이 한장상을 불러서 말했다. "손님이 왔거나 꼭 필요한 경우가 생기면 클럽하우스에 가서 식사를 해도 되겠네." 그 이후로 프로골퍼도 회원들의 눈치를 보며 클럽하우스에 들어가기 시작했다.

클럽하우스가 프로골퍼들에게 개방된 다른 계기도 있다. 1970년부터 한국오픈이 아시아서킷 대회에 포함되자 일본, 대만, 필리핀 등에서 외국 선수들이 출전하기 시작했는데 그들의 국가에서는 프로골퍼의 클럽하우스 출입이 자유로우므로 한국에서만 출입을 통제할 수는 없었다. 외국 선수들이 식당에 들어가서 점심을 먹는데 한국 선수들만 못 들어가게 하기도 어려웠으므로 이때부터 클럽하우스 출입에 대한 분위기도 자연스럽게 변했다.

오늘의 프로골퍼들은 유명한 스타 대우를 받으며 골프장에서 뭐든 자유롭게 할 수 있고 아마추어 골퍼보다 높은 대우를 받지만, 불과 50년 전만 해도 당시의 프로골퍼들이 얼마나 비참한 생활을 해야 했는지 돌아봐야 한다. 그들이 닦아놓은 길이 있었기에 오늘의 프로골퍼들이 행복한 선수 생활을 할 수 있게 되었기 때문이다.

끝없는 연습, 3,620개의 연습 볼

어느덧, 클럽에서 마음껏 연습할 수 있게 된 한장상은 어느 날 새벽에 나가 연습장의 볼을 모두 가져왔다. 연습 볼은 모두 4,000개쯤 있었는데, 손님용으로 10박스를 빼놓고 나머지 3,620개의 볼을 모두 리어카에 실어서 연습장 구석으로 가져 갔다. 그는 연습 볼을 끝없이 쳐 보는 것이 소원이었는데 그 소원을 실현해 보기로 한 것이다. 물론 연덕춘에게 사전 허락을 받았다. 아무도 없는 연습장에 한장상의 볼 치는 소리가 적막을 깨고 울려 퍼졌다.

당시 연습장 바닥은 맨땅이었다. 장갑도 없이 계속 치다 보면 손가락과 손바닥에 굳은살이 덮였다. 한장상은 굳은살을 면도날로 깎아 내면서 계속 볼을 쳤다. 아침 6시에 시작해서 저녁 8시가 넘어 해가 저물 때까지 쳤다. 매일 힘든 하루였지만 느끼고 배운 것이 많았다.

골프 역사상 가장 연습을 많이 했다는 게리 플레이어(Gary

James Player)도 하루에 4,000개 정도의 볼을 쳤다는 이야기가 있지만, 그것은 환경이 좋은 잔디 위에서 친 것이므로 맨땅에 비할 바가 아니다. 한장상의 연습량은 보통 하루에 1,000개 이상이었으며 세계 최고 선수들에 비해서도 뒤지지 않을 수준이었다. 이런 연습을 계속하면서 기량이 급상승했고 한국 최고의 선수가 되는 기초가 만들어졌다.

한장상의 연습량은 프로가 되어 우승한 후에도 계속되었는데, 1961년에는 아마추어 골퍼와 함께 하루에 113홀을 플레이한 기록도 있다. 서울컨트리클럽에 미리 신고하고 새벽에 스타트했는데 계속 걸어서 플레이했으므로 깜깜할 때까지 버틸 수 있는 체력이 필수적이었다. 캐디가 네 명이나 교체되면서 투입되었고, 다음 날 아침부터 또 54홀을 돌았을 정도로 타고난 체력과 운동신경을 보유한 행운아였다.

열악한 연습 환경이 오히려 도움이 되다

앞서 말했듯이 서울컨트리클럽의 연습장은 모두 맨땅이었다. 연습 볼을 맨땅에서 치면 잔디에 비해 손과 손목에 더 큰 충격이 오고, 깨끗한 타격을 때리기도 어렵다. 맨땅에 있는 볼을 높게 치려면 헤드가 다운블로로 내려오면서 볼부터 정확하게 타격해야 한다. 잔디에 있는 볼은 미세하게 뒤땅을 쳐도 구별이 안 되지만, 맨땅에 놓인 볼은 그런 작은 실수도 용납하지 않는다. 맨땅 덕분에 한장상의 아이언샷은 낮게 출발하면서 뻗어 나가다가 중간에 하늘로 치솟는 구질이 되었는데, 그 구질은 바람을 뚫고 나갈 수 있어서 바람 부는 날에 특히 유리했다. 맨땅에서 연습할 수밖에 없었던 열악한 환경은 한장상이 일본에 진출했을 때 일본 선수들이 모두 부러워한 최고의 아이언 플레이어로 성장하는 데 큰 도움이 되었다.

그린 주변에서 칩샷과 피치샷을 연습할 때도 잔디 위에서는 연습이 금지되었는데 맨땅이므로 훨씬 더 정교한 테크닉이 개발될 수 있었다. 쇼트게임을 위해서 볼을 한 바구니 쏟아 놓으면 맨땅으로 인해서 볼의 라이가 다 달랐는데 평평한 곳에서 치기는 쉬웠지만 약간 파인 곳으로 들어간 볼을 치는 것은 또 다른 기술이 필요했다. 결국 라이가 좋든 나쁘든 홀 가까이 세우는 기술을 배우게 되었는데, 중요한 것은 그립을 부드럽게 잡고 반드시 헤드의 무게로 쳐야 한다는 사실이었다. 한장상은 손목을 많이 쓰는 기술을 개발했는데 6가지 정도의 다른 테크닉으로 스핀을 조절하며 쇼트게임을 할 수 있었다.

요즘 선수들은 거의 샌드웨지를 사용하여 쇼트게임을 하지만 한장상은 피칭웨지와 9번 아이언도 많이 사용했다. 한장상이 1973년 마스터스에 출전했을 때 그린 주변의 짧게 깎은 잔디는 맨땅과 비슷한 어려운 라이였지만 큰 어려움을 느끼지 않고 수월하게 쇼트게임을 할 수 있었던 것도 맨땅에서 연습한 덕분이었다. 쇼트게임의 기술은 느낌이 중요해서 남의 것을 카피해서 쓸 수는 없으므로 무한 연습을 통해서 자기만의 기술을 개발해야 한다.

벙커샷도 연습한 만큼 달인이 된다. 한장상은 연습 벙커의 모래 상태나 벙커의 크기 등 연습 조건이 나쁘지 않아서 벙커 연습을 하는 회원이 없을 때 한번 들어가면 나오지 않았다. 특히 벙커 연습은 보름달이 뜬 밤에도 할 수 있었다. 보름달이 뜨면 볼을 가지고 철조망을 넘어 코스로 들어가서 원하는 홀을 마음대로 골라 벙커 연습을 했다. 앞턱이 높은 그린사이드 벙커에 가기도 하고, 턱이 없는 페어웨이 벙커로 가기도 했다. 달빛에 희미하게 보이는 볼을 치고 소리만 들어도 원하는 샷이 잘 됐는지 알 수 있었다. 선수 생활 초기에는 벙커샷을 칠 때 헤드가 목표 라인의 밖에서 안으로 들어가는 커트샷으로 배웠지만, 그 이후로는 스퀘어샷을 더 많이 사용했다. 벙커샷에 관한 한 어떤 선수와 내기해도 이길 수 있다는 자신감이 있었으며, 시합에서 벙커샷을 그대로 홀인 했던 경우도 셀 수 없이 많았다. 호주 퍼스오픈에서는 17, 18번 홀에서 연속으로 홀인 했고, 일본 투어 때는 한 라운드에 세 번이나 홀인을 하여 동반 플레이하던 일본 선수들이 벙커의 달인으로 인정하기도 했다.

• 가장 어려운 것은 퍼팅

퍼팅연습도 쉽지 않았다. 연습 그린은 100평이 훨씬 넘는 큰 규모였지만 연습이 가능한 평평한 곳은 50~60평 정도뿐이었으므로 제한된 인원만 연습할 수 있었다. 퍼팅연습을 하다가도 수시로 회원이 오는지 살피다가 얼른 비켜주곤 했다. 다행히 퍼팅연습을 너무 오래 하면 허리가 아프다는 것을 경험으로 일찍 배웠으므로 양보하는 것이 오히려 도움이 될 때도 있었다. 한장상은 퍼팅연습을 할 때 30분 연습, 15분 휴식의 규칙을 스스로 만들어서 엄격하게 지켰다. 퍼팅은 볼이 굴러가도록 만드는 것이 중요하므로 볼의 상단을 치는 느낌으로 했고 손목이 꺾이지 않도록 조심했다. 퍼터는 리버스 오버래핑 그립으로 잡았는데 그립을 너무 꽉 잡지 않도록 항상 신경 썼다. 한장상은 자신의 퍼팅 실력이 중간 이상이지만 특별히 잘하는 편은 아니라고 생각했다.

퍼팅이 어렵다고 느끼는 이유는 한번 안 들어가기 시작하면 계속 안 들어가며 그 추세를 끊고 정상으로 돌아오기가 힘들기 때문이다. 한장상도 일본에서 30센티미터 퍼팅을 실수해서 우승을 놓친 적이 있다. 마크를 하고 기다리는 사이에 마음이 급해져 자기의 퍼팅 리듬을 잃어버렸고, 결국 볼은 홀을 돌아 나왔다. 차라리 마크를 하지 말고 그 퍼트를 끝내야 했다는 후회가 오랫동안 남았다. 전성기가 지나니까 똑같이 연습해도 퍼트가 안 들어가는 이유를 알 수 없었는데, 퍼팅을 앞두고 생각이 많아지면 실패의 확률이 높아지는 것은 확실하다.

한장상은 연습 시간의 40퍼센트를 아이언샷, 40퍼센트를 퍼팅과 쇼트게임, 10퍼센트를 드라이버와 우드, 그리고 나머지 10퍼센트를 벙커샷에 할애했다.

한국 프로 골프 대회의 원년, 1958년

　1958년은 한국에서 최초로 프로 골프 대회가 열렸던 프로 골프 시대의 원년이다. KPGA 선수권대회와 내셔널 타이틀인 한국오픈이 열리기 시작했는데 프로골프협회와 대한골프협회가 설립되기 전이라 두 대회 모두 서울컨트리클럽이 주관했다. 1975년까지 프로 대회는 이 두 개뿐이었고, 1976년부터 민간 기업이 주최하는 프로 골프 대회가 열리기 시작했다.

　1958년 6월 12일에 첫 라운드를 시작한 제1회 KPGA 선수권대회에는 연덕춘, 박명출과 양성자 과정에 있던 프로지망생 14명이 참가했는데, 이때 프로지망생으로 출전한 한장상은 너무나 긴장이 되었다. 대회 비슷한 정식 라운드를 쳐 본 것은 양성자 과정의 월례대회가 전부였는데, 진짜 4라운드를 도는 프로대회에 처음으로 출전하다 보니 떨리는 손으로 첫 번째 티샷을 해야 했다. 요즘 선수들이야 어려서부터 공식대회에 나갈 수 있는 기회가 많지만, 스무 살이 넘어서야 처음으로 대회에 나간 한장상의 떨리는 마음을 이해할 수 있다.

대회 전에는 누구보다 잘 칠 자신이 있던 그였지만 막상 대회가 시작되니 샷이 연습한 대로 되지 않았다. 1번 홀 티샷부터 빗맞아서 페어웨이의 언덕을 넘지 못해 간신히 보기로 출발했는데, 잘 치고 싶은 마음이 너무 강해서 오히려 샷에 방해가 되었다. OB도 나고 트리플 보기도 여러 번 나왔다. 특히 퍼팅이 어려웠는데, 실제 시합에서 느끼는 압박감은 연습라운드와는 너무나 다르다는 것을 알게 되었다. 결과는 연덕춘이 18오버파 306타로 우승, 한장상은 54오버파 342타로 7위였다. 당시에는 컷오프 제도가 없었으므로 54오버파라도 4라운드까지 플레이할 수 있었다.

같은 해 9월에 열린 제1회 한국오픈에서도 7위의 성적을 거둔 한장상은 어느 정도 자신감을 되찾을 수 있었다. 마지막 라운드에서 4오버파 76타를 쳤는데 이는 당시 한장상의 베스트 스코어이기도 했다. 그는 자기의 실력이 점점 좋아지고 있는 것을 확인하고 더 신나는 마음으로 연습에 매진할 수 있었다.

제2회 KPGA 선수권대회가 열린 1959년, 한장상은 또다시 7위를 했지만, 전년보다 무려 24타나 줄인 30오버파 318타였다. 제2회 한국오픈에서는 공동 3위로 도약하면서 우승이 머지않았다는 자신감을 느끼게 되었다.

감격의 첫 우승

　한장상의 첫 우승은 1960년 8월 5일 열린 제3회 KPGA 선수권대회에서 찾아왔다. 캐디로 골프와 인연을 맺고 처음 골프채를 잡은 지 6년 만이었다. 무더운 여름 날씨 속에서 대부분의 선수들이 고전했지만 연습량이 충분했던 한장상의 샷은 점점 날카로워졌다. 1라운드에서 3오버파 75타를 쳐 선두권에 나섰을 때 3위 안에만 들면 좋겠다고 생각했는데, 그런데 2라운드에서 3언더파 69타를 쳐서 대회 관계자들과 동료 선수들을 놀라게 했고, 2위 그룹을 7~8타 차이로 멀리 따돌렸다. 우승 스코어가 10오버파 정도였던 당시 수준에서 3언더파라는 점수는 꿈에서나 볼 수 있는 점수였으며 한장상이 공식대회에서 기록한 첫 언더파 라운드였다. 3라운드부터 여유 있게 플레이할 수 있었던 한장상은 4라운드 9홀이 끝난 후 10번 홀로 가면서 리더보드를 보고 우승을 확신했으며, 합계 7오버파 295타로 우승했다. 2위 김복만을 8타 차이로 제압한 완벽한 우승이었다.

이 당시는 홍콩오픈에 참가했다가 목격했던 피터 톰슨(Peter William Thomson)의 스윙을 배우고 싶어서 고심하던 때였다. 그립과 스윙을 완전히 개조하고 싶은데 당장 시합도 있어서 실행에 옮길 수 없었다. 하지만 톰슨의 스윙을 보고 온 경험만으로도 우승에 큰 도움이 되었다. 스윙은 당장 바꿀 수 없었지만 톰슨의 서두르지 않는 스윙 리듬을 상상하면서 스윙했더니 모든 샷이 쉽게 느껴졌고 결과도 좋았다.

사실 서울컨트리클럽의 회원들과 동료 선수들은 김학영 선수의 우승 가능성을 높게 점치고 있었다. 키가 178센티미터인 김학영은 한장상보다 10센티미터는 더 크고 체격도 좋아서 장타를 잘 쳤고 아이언샷도 더 높게 쳤다. 평소 연습라운드에서 내기를 하면 열에 여덟 번은 김학영이 이겼지만 이상하게도 공식 대회에서는 힘을 쓰지 못했다. 한장상은 우승을 하기 위해서는 좋은 샷보다 강심장을 갖는 것이 더 중요하다는 것을 알게 되었다. 한장상은 여러 명의 연습생 출신 중 자기가 가장 먼저 우승한 것이 당연하다고 생각했다. 왜냐하면 평소 연습량이 그들보다 두세 배는 많았기 때문이다.

우승 후 서울컨트리클럽은 이사회를 개최하여 한장상을 세미프로로 승진시켰는데, 회의록에는 "지난 프로 골프 대회에서

69타로 코스레코드를 세운 한장상 군을 세미프로로 승진시키는 것을 만장일치로 승인한다."라고 되어 있다. 한장상은 캐디 출신 선수 중 최초의 프로골퍼였고, 서울컨트리클럽이 순수 한국 기술로 양성한 최초의 프로골퍼였다. 그 덕분에 공식적으로 연덕춘, 박명출에 이어 가장 높은 레슨피를 받을 수 있게 되었다. 당시 이사회에서는 일반회원이 신입회원에게 레슨하는 것을 엄격히 금지하고 프로에 한하여 레슨할 수 있도록 결의하는 등 프로에게 각별한 신경을 써 주었다.

당시에는 상금이 아주 적었는데 우승 상금의 정확한 금액을 기억할 수는 없지만 그보다는 챔피언의 명예가 더 중요했고 골프장에서 한장상의 주가도 크게 올랐다. 연습장에서 스윙을 봐 달라는 회원이나 필드레슨을 해달라는 회원들이 크게 늘어서 상금보다 더 큰 금액의 레슨비 수입을 올릴 수 있었다. 집에 가면 다시 골프장에 가는 시간이 항상 기다려졌다.

우승자의 장비

　　첫 우승 대회에서 한장상이 사용한 장비를 보면 먼저 드라이버와 우드는 스팔딩의 톱플라이트 제품이고, 아이언은 캐디대회에서 상품으로 받았던 윌슨, 볼은 손님에게 얻었던 던롭과 주운 볼을 섞어서 사용했던 것을 알 수 있다. 그중에서도 퍼터에 얽힌 이야기가 재미있다. 시합이 열리기 얼마 전 평소 알고 지내던 손님을 연습 그린에서 만났는데, 그 손님은 미국 출장 중에 사 온 새 퍼터를 연습하고 있었다. 부러운 눈으로 바라보던 한장상이 잠깐 빌려서 퍼팅을 해 봤는데 그 순간의 느낌이 너무 좋아서 꼭 가지고 싶은 마음이 들었다. 한장상은 손님에게 그 퍼터를 팔라고 조르기 시작했고 처음에는 안 된다고 거절하던 손님도 그의 얼굴에서 보이는 애절함과 진정성을 발견하고는 그 자리에서 선물로 주고 떠났다.

　　그 퍼터는 당시에 유행하던 아쿠쉬넷 불스아이였는데 한장상은 그 퍼터를 들고 일본오픈을 제패했고, 마스터스에서도 플레이했다. 하도 사용해서 원래 가죽 그립이 너무 낡아 고무 그립으로 교체하면서까지 무려 13년 동안 사용하면서 우승도 많이 했고, 바닥의 글씨가 닳아 없어질 정도로 연습해서 조금 가벼워진 탓에 뒷면에 조그만 납 테이프까지 붙였던 이 퍼터는 1973년 미즈노와 장비계약을 하면서 더 이상 사용하지 않게 되었다. 일본 투어를 다니는 동안 집에 고이 보관하고 있던 그 퍼터가 어느 고물상에 넘어갔는지 모르게 분실된 것을 아직도 아쉬워하고 있다.

첫 해외 대회에서 배운 교훈
- 나의 스윙으로는 미래가 없다

한장상이 처음으로 출전했던 해외 대회는 1960년 홍콩오 픈이다. 당시 서울컨트리클럽 회원들이 조금씩 돈을 모아 출전 비용을 마련해 줬고, 홍콩에서도 단 한 명뿐인 한국의 신청자 를 쉽게 받아줬다. 첫 해외여행의 가장 큰 어려움은 영어를 전 혀 못 하는 것이었지만, 영어가 안 된다고 죽지는 않는다는 배 짱으로 비행기를 탔다. 그 대회에서 80타를 넘기면서 컷 통과 에 실패했지만, 한장상 골프 커리어의 방향을 새로 잡은 중요 한 전기가 찾아왔다.

당시 세계 최고의 선수였던 호주의 피터 톰슨이 치는 모습을 현장에서 보게 됐는데 그런 대선수의 스윙을 실제로 처음 본 한장상은 큰 충격을 받았다. 그보다 아홉 살이 많은 톰슨은 디 오픈에서 5승을 했으며 1954, 55, 56년에는 3년 연속 우승을 거둔 호주의 원조 골프 영웅이다. 톰슨의 스윙은 한장상이 배 우고 이상향이라고 상상한 스윙과는 너무도 달랐다. 연덕춘 프로의 스윙과도 전혀 다르고 간결했다.

우선 어드레스 자세에서 한장상은 왼발이 앞으로 나오는 클로즈드 스탠스 자세로 배웠는데, 톰슨은 스퀘어 스탠스였다. 그립을 잡은 모습도 충격이었다. 한장상은 왼손 손가락으로 그립 위를 덮는 훅 그립을 잡고 오른손은 왼쪽으로 돌려 잡는 위크 그립이었는데, 톰슨은 왼손이 손바닥에 그립을 고정시키는 팜 그립이었고 오른손은 뉴트럴 그립이었다. 스윙모션도 너무나 쉽고 간단해 보였다. 볼을 멀리 치기 위해 몸을 이리저리 비틀어 보면서 방법을 찾았던 그의 스윙과는 전혀 다른 세계였다. 왼발의 힐업도 안 하고 쉽게 치는 듯한 톰슨의 볼은 높은 탄도를 그리며 페이드가 났고 충분한 백스핀이 걸리면서 그린 위에 쉽게 멈췄다. 그의 샷을 보며 한장상은 꿈에서 깨어난 느낌이었다.

한장상은 자기가 우물 안의 개구리였고 현재 자기의 스윙으로는 미래가 없다는 사실을 알게 되었다. 자기의 스윙을 완전히 바꾸겠다는 결심을 한 후 톰슨의 스윙을 관찰하면서 메모했고 스윙 모션을 눈에 익혀서 기억하기 위해 애썼다. 한국으로 돌아와서 곧바로 그립과 스윙을 바꾸는 훈련을 시작하고 싶었지만, 몇 달 후 열리는 KPGA 선수권대회과 한국오픈에 참가한 후 실행에 옮기기로 결심했다. 지금의 실력으로도 우승 가능성이 있다는 판단 때문이었다. 그의 판단은 정확했고 8월에 열린 제3회 KPGA 선수권대회에서 그의 첫 번째 우승을 차지했다.

우승 후 본격적인 스윙 개조 작업에 들어갔다. 우선 뉴트럴 그립으로 바꾸기 위해 손에 잡히는 모든 물건을 뉴트럴 그립으로 잡는 상상을 하며 잡았다. 버스를 타고 손잡이를 잡을 때나 볼펜을 잡을 때도 뉴트럴 그립을 생각하며 잡았다. 처음에는 너무나 불편했던 새 그립이 차츰 익숙해지면서 편해졌고, 몇 달 후에는 완성된 느낌을 가질 수 있었다. 훗날 교정한 그립을 본 호주와 일본 선수들이 엄지를 들며 최고라고 칭찬을 많이 했다. 스윙 모션도 톰슨의 간단했던 모습을 거울 앞에서 흉내 내며 바꿔 나갔다. 연습장의 조그만 캐디하우스에는 상체만

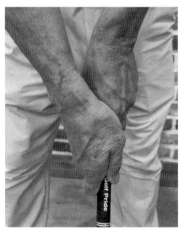
스윙 교정 전 그립

스윙 교정 후 그립

볼 수 있는 액자만 한 거울이 있었는데 하체가 보이지 않는 것이 너무 아쉬웠다. 아무도 가르쳐 주는 사람이 없었지만 그는 자기가 가고 있는 길이 맞다는 믿음을 가지고 있었다. 골프 선수로서 경험이 짧은 스물두 살의 어린 나이에 혼자서 이런 결심을 한 선수는 골프 세계사에서도 찾아보기 어렵다.

새로운 스윙의 열쇠

　　한장상은 자기의 스윙이 너무 복잡하다는 것을 알게 된 후 피터 톰슨처럼 간결해지기를 원했다. 무릎과 허리를 너무 많이 구부려서 부자연스러워 보이는 어드레스 자세를 간단하고 쉽게 바꿨고 백스윙도 조금 짧게 줄였다. 서울컨트리클럽의 1번 홀은 그린 쪽으로 220야드쯤 되는 지점까지 계속 오르막 언덕인데, 그립과 스윙을 교정했더니 거리가 확 줄어서 드라이버로 티샷한 볼이 언덕 위까지 올라가지 못했다. 훅에서 슬라이스로 바뀐 구질 때문에 거리가 줄어든 것이었다. 사실 한장상은 홍콩대회에 갔을 때 참가했던 롱 드라이버샷 콘테스트에서 287야드로 2등을 차지했던 장타자였으므로 거리를 포기하고 스윙을 바꾼다는 결정은 쉽지 않았다. 아이언샷도 계속 오른쪽으로 밀리는 볼이 나오는데 가운데로 가도록 바로잡을 수 있는 방법을 찾을 수 없었다.

　　연습장에서 한장상의 힘없는 샷을 본 어떤 동료는 불가능한

짓을 한다며 고개를 저으며 비웃었다. 그를 도와주던 회원들도 엊그제 우승했던 스윙을 왜 바꾸려고 하냐며 말렸지만 그의 고집을 꺾을 수 없었다. 클럽으로 볼을 치면 잘 맞지 않아서 무거운 쇠몽둥이를 들고 하루 300회 이상 빈 스윙을 하면서 6개월 이상 훈련을 계속했지만 좀처럼 스윙이 바뀌지 않아서 옛날 스윙으로 돌아가야 하나 아니면 골프를 포기해야 하나 하는 생각까지 들었다. 깜깜해진 연습장에 혼자 남아서 달을 보니 눈물이 났지만 내일은 꼭 나아지리라는 희망을 품고 돌아갔다.

그런데 7개월쯤 지난 어느 날부터 갑자기 거리가 나기 시작했다. 드라이버샷이 30야드 이상 길어졌고, 아이언샷의 탄도도 높아지면서 강한 백스핀이 걸리기 시작했다. 한장상은 슬라이스를 고치기 위해서 팔로를 길게 하면 될 것으로 생각했는데 그게 아니었다. 어느 날 연습을 하다가 우연히 임팩트 순간에 왼쪽 손과 팔을 살짝 돌리는 동작(supination)을 해 봤는데 그 동작이 헤드 스피드를 높이면서 방향을 잡아준 것이다. 선생이 있었다면 쉽게 가르쳐 줄 수 있었던 이론인데 혼자서 그 요령을 찾기는 쉽지 않았다. 1년쯤 지나자 새로운 스윙을 하면서 오래 연습해도 훨씬 힘이 덜 들었고 몸도 유연해졌다는 느낌을 가질 수 있었다.

이제 새로 완성한 샷들을 다듬어서 실전에 사용할 수 있도록

해 주면 되었다. 1960년에 첫 우승을 한 한장상은 스윙을 바꾸기 위해서 훈련했던 1961년에는 우승이 없었지만 새로운 스윙이 완성된 1962년부터 다시 우승하기 시작하여 1964년부터 한국 프로골프를 석권하기 시작했다.

한장상은 말한다. "골프 스윙의 비밀은 그립에 있다." 그립의 중요성을 강조한 의견이 역사상 위대했던 외국 골프 선수들의 증언과 일치하는 것으로 보아 진지한 골퍼라면 자기의 그립을 재점검해 보는 것이 좋다.

• 자기의 스윙을 처음 본 한장상

　한장상이 자기 스윙 모습을 동영상으로 처음 본 것은 1968년 일본 투어에 출전하기 시작한 이후이다. 일본 NHK에서 골프 관련 보도를 할 때 한장상의 모습이 가끔 나왔는데, 거울을 보며 만들었던 스윙 모습을 실제로 보니 상상했던 자기 스윙과 큰 차이가 있다는 것을 알았다. 피터 톰슨의 모습을 흉내 내면서 따라 한 폼인데도 마음에 썩 들지 않았다. 톰슨 근처도 가지 못하고 겨우 절반 정도 따라간 느낌이었지만 이제 와서 또 고칠 수도 없는 노릇이었다. 다행히 한 가지 만족스러운 점도 있었는데, 그것은 헤드업을 안 하는 것이었다. 일본의 TV 중계 해설자가 한장상의 머리가 움직이지 않는 모습을 보며 일본도로 내려친다고 해도 머리를 들지 않을 것 같은 모습이라고 해설하기도 했다.

　현재의 골프 선수들은 대부분 연습 도중 계속 자기 스윙을 동영상으로 체크하지만, 그런 기술이 없던 시절의 선수들은 자기가 움직이는 모습을 전혀 볼 수 없었다. 스윙이 멋진 동료 선수의 모습을 보면서 자기도 그와 비슷할 것이라 상상하지만, 실제로는 전혀 다른 모습인 경우도 많았다. 동영상 기술이 도입된 후의 선수 중 짐 퓨릭(James Michael Furyk)도 프로가 된 이후 TV 중계방송을 통해 자기 스윙을 처음 봤는데 다른 선수들과 너무 다른 모습이라서 매우 놀랐다고 한다. 현재 세계랭킹 2위인 잰더 쇼플리(Alexander Victor 'Xander' Schauffele)도 18세 때 처음으로 자기 스윙 동영상을 봤다. 두 선수는 아버지가 스윙 코치였던 공통점이 있는데 자기 아들이 동영상을 보며 너무 기술적인 분석에 빠지는 것을 방지하기 위한 목적이 있었다. 스윙은 기술적인 이론에 따라서 획일적으로 만드는 것이 아니라 선수의 느낌에 따라서 만들어지는 예술품이다. 그래서 역사적으로 위대한 선수들의 스윙이 모두 다른 것이다.

● 닉 팔도와 한장상의 스윙체인지

　세계 골프 역사로 보면 프로 선수가 스윙을 완전히 바꾸려는 시도는 많았지만, 성공한 사례는 오직 한 번뿐이다. 바로 닉 팔도(Sir Nick Faldo)의 경우이다. 팔도는 1976년 19세에 프로가 되어 1982년까지 유로피언 투어에서 5승을 했던 유망한 프로였다. 1983년 미국 PGA 투어 샌디에이고오픈에 참가한 팔도는 연습장에서 잭 니클라우스(Jack William Nicklaus)가 연습하는 모습을 우연히 목격한다. 페이드와 드로 볼을 자유자재로 조절하며 샷을 하는 능력에 감탄하며 과연 자기가 가진 스윙으로 니클라우스와 경쟁할 수 있을지 의문을 가지게 되었다. 1라운드 결과 니클라우스 63타, 팔도 71타로 확실한 기량의 차이가 있다는 것을 확인했다. 다행히 그 해에 유러피언 투어 5승을 올리며 상금왕에 올랐지만, 자기의 기량이 세계 톱클래스와 큰 차이가 있다는 사실을 잊을 수가 없었다. 그래서 팔도는 주니어 시절부터 10년 넘게 인연을 맺어온 스윙 코치 이안 코넬리와 결별하고 새로운 스윙을 만들기로 결심한다. 한 해에 5승을 따낸 상금왕이 자기 스윙을 포기한다는 것은 다른 골퍼라면 상상할 수 없는 결단이다.

팔도가 찾아낸 새로운 스승은 데이비드 리드베터(David Leadbetter)였다. 리드베터는 현재의 스윙에 결점이 많아서 그 결점들을 수정하는 것보다 완전히 새로운 스윙을 배우는 것이 더 낫다고 제안했다. 팔도는 리드베터의 레슨을 따라가며 훈련을 시작했는데 백스윙을 바꾸기 위해 두 달 동안 매일 1,500개 이상의 볼을 쳤는데도 익숙해지지 않았다. 어릴 때 배웠던 스윙의 DNA가 바뀌지 않는 것이었다. 팔도의 스윙체인지 시도는 2년 만에 결실을 맺었다. 1987년 디오픈에서 메이저 첫 승을 올린 팔도는 디오픈 3승, 마스터스 3승으로 메이저 6관왕이 되었고 유러피언 투어 30승의 업적을 남기게 되었다.

한장상은 닉 팔도에 비하면 프로 선수로서 경험과 기량이 훨씬 부족하고 나이도 어렸지만 우승했던 스윙을 포기하는 결정을 내린 공통점이 있다. 팔도에게는 리드베터라는 스승이 있었지만, 한장상은 혼자 연습했으므로 상황은 훨씬 더 어려웠다. 어쨌든 완전히 새로운 스윙을 만들겠다는 결정은 한장상 골프 경력에 가장 큰 영향을 주었다. 이 결정은 그의 골프가 위대함을 증명하는 가장 확실한 증거이기도 하다.

• 가난한 프로의 해외 투어

1962년 2월 한장상은 아시아서킷 골프 대회에 참가하기 위해서 장도에 오른다. 홍콩에서 일주일 정도 연습한 후 첫 시합지인 필리핀으로 갔다가 싱가포르-말레이시아-태국을 거쳐 귀국하는 일정이었다. 레슨을 하며 모아둔 돈으로 비행기 표를 사고 남은 돈 600달러가 투자자금이었다. 한 나라에 최소 200달러 정도의 비용이 필요하니까 돈 떨어지기 전에 상금을 받으면 끝까지 돌 수 있다는 계산을 하고, 혹시 중간에 돈이 떨어지면 한국 대사관이라도 찾아가서 빌려보겠다는 각오를 다졌다. 골프 세트 가방도 무겁지만, 대회 때 입을 옷과 볶은 고추장 등 비상식량을 챙기다 보니 트렁크는 점점 무거워졌다.

홍콩에서는 홍콩오픈에 참가했던 골프장의 헤드프로와 친해져서 클럽하우스의 허름한 방에서 취침하며 연습할 수 있었다. 가장 중요한 것은 돈을 아끼는 것이었으므로 빵 하나, 음료 한 잔 사 먹는 것도 조심스러웠다. 연습이 끝나고 필리핀에 도착해서 첫 시합을 했는데 결과는 2타 차 컷 탈락이었다. 겨울 동안 연습이 부족하고 교정한 스윙이 아직 익숙하지 않아서 기대한 만큼 성적이 나오지 않았다. 다음 시합 장소인 싱가포르로 갔는데 벌써 돈도 반 이상 줄었고, 어쩌면 싱가포르에서 한국으로 돌아가야 할지도 모른다는 불안감이 커졌다. 말레이시아까지 가려면 싱가포르 대회에서 상금을 조금이라도 벌어야 했으므로 이제 죽기 살기로 쳐야 한다는 압박감이 컸다.

싱가포르 대회의 첫날 1라운드 성적이 중간 이하로 부진하자 그날 밤늦게까지 연습하고 돌아갔는데 2라운드에서 65타를 치면서 단숨에 선두권으로 올라갔다. 이제 컷을 통과했으므로 조금이라도 상금을 받을 수 있게 되었다고 생각하니 뭔가 배부르게 먹고 싶었다. 돈을 아끼기 위해 아주 싼 음식만 먹었던 한장상은 제대로 된 음식을 먹고 싶어서 큰맘 먹고 호텔에서 스테이크를 먹기로 했다.

큼직한 티본스테이크를 주문하고 음식이 나왔는데 음료수 주문할 돈을 아끼기 위해 고기와 물만 몇 컵 들이켰다. 뼈에 붙은 기름까지 깨끗하게 먹은 후 방으로 돌아갔는데 얼마 후 설사가 나오기 시작했다. 밤새도록 설사를 하며 잠을 못 자고 나간 3라운드의 성적이 좋을 리 없었고 30등 밖으로 밀려났다. 라운드가 끝나고 의사를 찾아가 안되는 영어로 손짓발짓 섞어가며 배가 아픈 것을 하소연해 간신히 약을 받아왔다. 4라운드는 목숨을 건 심정으로 나갔는데 배가 아픈 것도 잊고 집중력을 발휘하여 67타를 쳤고, 끝내 공동 2위로 마치게 되었다. 상금은 시상식 후 현금으로 받았는데 무려 1,500달러였다. 자기 생애 최고의 상금을 받았지만 3라운드에서 아프지 않았으면 우승할 수 있었다는 아쉬움이 더 컸다.

다음 대회 장소인 말레이시아로 이동하면서 몸이 너무 지쳤던 한장상은 큰 기대 없이 대회에 나갔는데 첫 라운드부터 선두권에 나서더니 4등을 하여 또 상금을 챙겼다. 이제 한장상의 주머니 속에는 당장 한국으로 돌아가도 될 만큼의 금액인 2,000달러가 넘는 큰돈이 들어 있었다.

한장상은 다음 대회가 열리는 태국행 비행기를 탔는데 여기서 실수를 하고 말았다. 비행기에서 골프 선수끼리 팔씨름 대회가 벌어졌는데 팔심이라면 자신 있는 그가 가만히 있을 리 없었다. 덩치가 훨씬 큰 외국 선수들을 모조리 물리치고 우승을 차지하고, 스튜어디스가 우승 상품이라며 준 샴페인을 나눠 마시며 즐거운 시간을 보낸 것까지는 좋았지만, 태국 호텔에 도착해서 문제가 생긴 것을 알게 되었다. 무리하게 힘을 써대서 팔과 어깨가 너무 아파 플레이를 할 수 없었던 것이다. 결국 한장상은 태국 대회를 포기하고 귀국길에 올랐다.

● 군 입대와 박정희 대통령

　한장상은 골프 선수로서 점점 유명해지고 있던 1962년에 입대를 했다. 아시아서킷에 출전하면서 입대를 연기했기 때문에 나이로 봐서는 조금 늦은 입영이었다. 군대에 가면 당분간 골프를 못 칠 것을 생각하니 내심 걱정되었다. 그렇게 논산 훈련소에 입소한 다음 날, 훈련관 상사가 내무반으로 오더니 "여기 한장상 있나?"라며 그를 찾았다. 그리고 자기 막사로 데려가더니 군번표까지 갖다주는 친절을 베풀었다.

　그 뒤부터 훈련 중 특별대우를 받으며 모든 일이 쉽게 풀려 갔다. 훈련병들이 혹독한 단체 기합을 받을 때도 한장상은 열외였다. 김종오 육군참모총장이 한장상을 잘 보살피라는 지시를 했기 때문이었는데 나중에 알고 보니 이순용 서울컨트리클럽 이사장이 한장상을 국보로 키워야 한다며 참모총장을 설득한 것이었다.

　6주간의 기초 훈련이 끝난 후 한장상은 서울 용산의 육군본

부에 배속됐는데 보직은 미8군 장성의 당번병이었다. 그곳에서 잠시 근무하다가 서울컨트리클럽으로 근무지가 변경되었는데 임무는 골프 연습을 하면서 장성들에게 골프 레슨을 하는 것이었다. 골프병 1호가 된 셈이다. 한장상은 군인 신분으로 해외 골프 대회에 참가하는 등 파격적인 혜택을 누렸다.

군인으로서 열심히 훈련하며 레슨을 하던 어느 날, 긴급 호출이 왔다. 아주 높은 분에게 레슨을 하러 가야 한다는 명령이었는데 검은색 지프가 와서 한장상을 싣고 달리는 분위기가 조금 달랐다. 한장상을 태운 지프가 도착한 곳은 장충동 국회의장 공관이었다. 5·16 군사정변이 일어난 직후 국가재건최고회의 의장 박정희 대통령은 국회의장 공관에 살고 있었는데 한장상이 가르칠 사람은 다름 아닌 박 대통령이었다. 골프병인 그가 대한민국의 최고 권력자에게 레슨을 하게 될 줄은 꿈에서도 상상하지 못했을 것이다. 국회의장 공관에는 연습시설이 없었기 때문에 우선 골프 연습장을 만들어야 했다. 한장상은 목재를 사다가 가건물을 만들고 그 안에 텐트를 쳐서 작은 연습장을 꾸몄다. 그가 박 대통령의 레슨을 맡게 된 것은 김종오 육군 참모총장의 추천 때문이었다. 레슨 사실을 누구에게도 발설해서는 안 된다는 엄한 지시를 받았으며, 박종규 경호실장을 포함한 극소수의 사람들만이 그 사실을 알고 있었다.

신문에서만 보던 박 대통령은 얼굴이 약간 까맣고 키가 작았지만 카랑카랑한 목소리가 근엄하게 들렸다. 국가의 최고지도자가 된 후 외교를 위해서 골프를 배워야 한다는 주위의 권유에 따라 골프를 시작하게 된 것이었는데, 첫날 그립 잡는 방법을 배우던 그가 물었다. "얼마나 배우면 필드에 나갈 수 있겠는가?" "네, 3개월 정도면 될 것 같습니다." 하지만 그의 운동신경은 생각보다 뛰어났다. 세 번째 레슨을 받자 벌써 웬만큼 볼이 맞아 나갈 정도로 진도가 빨랐다. 그런데 레슨이 끝날 무렵 비서가 와서 외교사절을 만나러 가야 한다고 보고하자 박 대통령은 "한 코치, 나중에 다시 보지." 하며 급히 떠났다. 이것이 그와의 마지막 레슨이었는데 무슨 이유였는지는 지금도 알 수 없다.

1964년에 제대한 한장상은 다시 서울컨트리클럽으로 돌아와 매일 맹연습 중이었는데, 어느 날 박 대통령이 라운드 하러 찾아온 것을 목격했다. 그는 어느새 100타 정도의 실력이 되어 있었다. 그 후로 한동안 직접 만나서 인사할 기회는 없었지만, 청와대에서 계속 골프를 배운다는 말을 전해 들었다.

박정희 대통령의 골프 사랑

  한장상이 박 대통령을 다시 만난 것은 안양CC의 헤드프로로 일하고 있던 1967년이었다. 그가 이병철 회장과 라운드하기 위해 안양CC에 왔다는 호출을 받은 한장상이 2층 회장실에 들어갔는데 아무도 보이지 않았다. 알고 보니 회장실 가죽 소파에 가려 키가 작은 두 사람의 머리가 보이지 않았던 것이다. 잠시 당황하고 있는데 "각하께 인사드려라."라는 이 회장의 목소리가 들렸다. 앞으로 다가가 고개를 숙이며 인사를 드렸더니 "한 코치 오래간만이야. 인연이 있으니까 다시 만나는구먼." 하며 반가워했다.

  그 뒤 한장상은 박 대통령과 여러 차례 라운드했다. 보기 플레이어가 된 박 대통령은 또박또박 치는 스타일이었다. 필드에서 걸을 때는 골프채를 총 멘 것처럼 어깨에 메고 걸었는데 권위적인 모습은 보이지 않았다. 그늘집에서 다른 팀을 만나면 반갑게 악수하며 인사를 나눴고, 먼저 가시라고 양보해도 순서를 지키겠다며 늘 사양했다. 그에게는 앞뒤에 팀을 비워놓고 치는 대통령 골프가 없을 만큼 소박했다.

그의 골프에는 특별한 에피소드가 있다. 그린 위에서는 항상 퍼팅을 한 번만 한다는 것이다. 언젠가 박 대통령이 "골프는 다 좋은데 말이야, 퍼팅은 운동이 안 되는 것 같아. 허리를 굽혀서 몸에 부담이 되는 데다 신경이 많이 쓰여."라고 말했다. 그 말을 들은 박종규 경호실장은 박 대통령이 한 번 퍼팅을 하면 볼을 집어 들고 "각하, 다음 홀로 가시죠!"라고 했다. 퍼팅을 하기 위해 고개를 숙이고 왔다 갔다 하는 것이 국가원수로서 품위가 없다고 생각하는 것 같았다.

1972년 일본오픈에서 우승했을 때 한장상은 남서울CC의 헤드프로였다. 남서울CC를 찾아 허정구 회장과 라운드하던 박 대통령이 10번 홀의 그늘집에서 한장상을 찾는다는 연락이 왔다. 인사를 반갑게 받은 그는 "한 코치, 국위를 선양하는 훌륭한 일을 했어. 앞으로 계속 열심히 해." 하고 격려해 주었다. 그리고 "골프가 아직 대중적으로 많이 알려져 있지 않아서 훈장을 주지 못하는 것이 아쉽구먼. 앞으로도 계속 국위선양을 위해서 노력해 주게."라고 말했다.

한장상이 본 박 대통령은 골프에 대한 관심이 높고 직접 라운드를 즐기는 사람이었다. 방한하는 외국 정치인들과 직접 골프를 치며 외교했고, 각 군 대항 골프 대회를 열어 군 지휘관들에게 골프를 배우게 했다. 군 비행장에 공군 장병들이 사용할 수 있는 골프장 건설을 허락해 주기도 했다.

박 대통령은 측근들에게 골프를 권하고 골프의 장점을 설명하기도 했다. 모여서 술을 마시는 것보다 골프를 치는 것이 몸에 좋다고 했다. 5·16 군사정변의 주역들에게도 "일요일에 급한 일이 생기면 도대체 어디 있는지 찾을 수가 없으니 되도록이면 골프장으로 가라."라고 독려하기도 했다. 대통령 주변의 유력 정치인들은 대통령 근처에 몇 시간이라도 머무를 수 있는 가능성을 발견하고 골프에 뛰어들었다. 그런 이유로 김종필, 김형욱 등 군 출신 정치인들이 골프를 배우게 된 것이다.

그러나 박 대통령은 골프인들이 섭섭해할 만한 결정도 내렸다. 한국 골프의 성지나 다름없는 군자리 골프장을 폐장하도록 지시한 것이다. 군자리 코스는 1972년에 문을 닫았고, 그 자리를 어린이대공원으로 꾸며 개장했다. 당시 육영수 여사가 어린이들을 위해서 골프장 대신 공원을 건설하자고 적극 권유했다는 이야기가 있다. 대통령 경호도 문제가 됐다. 개장했을 때는 서울 외곽이었던 군자리 근처가 점점 개발되면서 유동 인구가 많아지자 경호실에서 문제를 제기했다는 설도 있다.

골프 코스를 잃어버린 서울컨트리클럽은 정부의 중재로 고양시에 36홀로 건설됐던 한양컨트리클럽의 주식을 인수하여 18홀씩 나눠서 사용하게 되었다. 그 이후 클럽 이름이 서울한양컨트리클럽으로 변경되어 현재까지도 두 골프클럽이 공존하고 있다.

박 대통령은 골프를 잘 치려고 하기보다는 즐기려 했던 골퍼였다. 특히 퍼팅에 크게 신경을 쓰지 않았다. 여러 논란이 있지만 박 대통령이 한국골프 발전에 큰 도움을 주었던 것은 틀림없는 사실이다.

한장상의 두 번째 은인, 이병철 회장

　이병철 회장은 한장상의 골프 인생에 나타난 두 번째 은인이다. 일제 치하에서도 골프를 쳤던 이 회장은 골프 실력이 뛰어나고 매너도 좋아서 캐디들에게 인기가 좋았다. 한장상은 멀리서 바라보며 저분이 그 유명한 이병철 회장님인 것을 알았지만, 직접 인사하고 대화할 기회는 없었다. 그러다 1960년, 1962년 KPGA 선수권대회에서 우승한 후 클럽 내에서 한장상의 존재감이 점점 커지고 있을 때 1964년 삼성 비서실에서 전화가 왔다. 이 회장이 라운드를 하고 싶어 한다는 내용이었다.

　이 회장과 첫 라운드를 하게 된 날 한장상은 긴장된 마음으로 기다렸다. "자네가 한장상 프로인가?" 이 회장의 목소리는 작고 차분했다. 그의 골프 실력은 핸디 11~12오버파의 수준이 었는데 회원 중에서도 상당히 고수에 속했다. 티샷을 할 때 스윙 아크가 커서 거리가 꽤 멀리 나가는 장타자였다. 연습 스윙을 전혀 하지 않는 것도 인상적이었는데 감나무 헤드를 쓰던 당시에도 220야드 정도를 날렸다. 백스윙 때 양쪽 다리가 스웨이가 되고 다운스윙 때 아웃인 궤적으로 볼이 깎여 맞으면서 슬라이스가 나는 것이 결점이었다. 이 회장은 드라이버샷 거리에 상당히 집착했는데 슬라이스가 나면 볼을 하나 더 치기도 했다. 이 회장의 스코어는 80대 초반 정도였고, 70대 타수를 치는 날도 더러 있었다. 라운드가 끝나면 필드 레슨비를 주는데 보통 한 라운드에 8,000원 정도를 받을 때 이 회장은 3만 원을 줘서 가난한 프로에게 큰 도움이 됐다.

1964년부터 1967년까지 4년 연속 한국오픈에서 우승하면서 이 회장과의 라운드 횟수도 점점 늘어났다. 한양컨트리클럽과 뉴코리아CC에서 라운드하기 위해 차를 보내주기도 했다. 이 회장은 언제나 꼿꼿한 자세와 조용하면서도 카리스마 있는 목소리로 말하는 신사 중의 신사였다. 어느 날 라운드를 마친 이 회장이 "오늘 저녁에 우리 집에 가서 저녁이나 함께 하지?" 하며 한장상을 초대했다. 그는 지금까지도 중구 장충동 100번지의 주소를 생생하게 기억한다.

이 회장의 집에 도착한 한장상은 안방으로 안내를 받았는데 큰 자개 상에 식사가 차려져 있었다. 이 회장과 단둘이 식사하는 겸상이어서 한장상은 몸 둘 바 몰라 했다. 특이한 점은 사모님과 자녀 4명은 함께 식사하지 않으면서도 옆에 앉아서 아버지의 말씀을 들으며 시중을 들었던 것이다. 한장상이 눈치를 보며 식사를 못하자 이 회장은 경상도 억양으로 "니는 신경 쓰지 말고 많이 먹어라."라고 했다. 훗날 들은 바로는 삼성그룹의 사장이라도 이 회장 집으로 초대되어 단둘이 겸상하는 것은 아주 드문 일이라고 했다. 이 회장이 한장상을 얼마나 좋아했으며 골프에 대한 열정이 얼마나 높았는지 짐작할 수 있다.

이 회장은 그 이후에도 몇 번 더 집으로 식사 초대를 했으며 "나는 네 골프가 마음에 들어서 아들같이 생각하니까 편하게 먹어라."라고 말해주었다. 다만, 삼성이 안양CC를 건설하고 있는 것을 모두 아는데 한장상에게는 골프장 이야기를 전혀 꺼내지 않은 점은 이해하기 힘들었다. 한장상이 안양CC에 대한 이야기를 들은 것은 한참이 지난 후였다. 어느 날 저녁식사가 끝나고 이 회장이 말을 꺼냈다. "니 얘기 들어서 알고 있제? 이제 안양으로 와 있으면 안 되겠나?" 서울컨트리클럽 소속 프로였던 한장상은 즉답을 하기 어려웠다. "지금 답을 드리기가 어렵습니다. 가기 싫은 것이 아니라 의리상 잔뼈가 굵은 서울컨트리클럽을 떠난다는 말을 갑자기 하기가 어렵습니다. 연덕춘 선생님과 상의해 보고 결정하겠습니다." "그래, 니 맘 편하게 생각해 봐라. 안양에 오면 최고의 대우를 해줄 테니까."

이 회장의 경영이념은 '인재 제일'이었는데 한장상을 직접 겪어보면서 됨됨이를 파악하고 삼성의 기준에 맞는 최고 인재로 합격점을 받아 스카우트에 나선 것이었다. 당시 서울컨트리클럽에는 연덕춘 프로, 한양컨트리클럽에는 이일안 프로, 뉴코리아CC는 배용산 프로, 미군 골프장에는 김복만 프로가 헤드프로였는데 모두가 연덕춘의 인맥이었다. 그러나 안양CC는 이병철 회장이 직접 헤드프로를 골라서 면접도 하고 라운드를 하며 겪어보면서 인성을 파악한 후 골라냈다. 한장상도 어딘가 헤드프로로 나가고 싶었지만 연덕춘이 챙겨주기만을 기다리고 있었는데, 이번 기회에 안양으로 옮기고 싶은 마음이 굴뚝같았다.

사실 문제는 연덕춘이 아니라 서울컨트리클럽의 운영위원장인 남상수 씨를 설득하는 것이었다. 그래서 우선 퇴임한 이순용 이사장을 찾아가 자초지종을 말했더니 이순용은 한장상의 장래가 걸린 결정이라는 것을 이해하고 허락해 주었다. 남상수 운영위원장도 당시 신생 골프장의 헤드프로는 모두 연덕춘의 추천을 받아야만 나갈 수 있었는데, 한장상이 자력으로 안양CC의 채용 제안을 받아왔으므로 유망한 젊은 프로의 앞길을 막을 수는 없었다.

결국 한장상은 1966년 안양CC가 가개장하면서 자리를 옮겼다. 한국 최고의 골프장이 될 삼성그룹의 골프장 초대 헤드프로가 된 것이다. 한장상은 골프 대회 우승과는 다른 성취감을 느꼈고, 이 회장을 잘 모시면서 안양CC를 한국 최고의 골프장으로 만들겠다고 다짐했다. 이 회장은 한장상에게 삼성의 부장 월급을 주면서 프로 숍과 연습장 운영까지 맡겼다. 일본 대회 참가 시에는 삼성 동경지사에서 도움을 주었고, 출장비를 지급하며 평소에 연습과 라운드를 자유롭게 할 수 있도록 명시했다. 골프장 헤드프로가 가지고 싶어 하는 모든 혜택이 한장상에게 들어오게 되어 캐디로 고생하며 골프를 배운 한장상에게 최고의 전성기가 시작되는 순간이었다.

골프 이론의 고수 이병철 회장

개장한 안양CC의 내장객은 평일에 약 20팀, 주말에는 40팀 미만이었는데, 이는 서울컨트리클럽의 절반도 안 되는 수준이었다. 이 회장이 한장상에게 하루 3팀까지 예약을 할 수 있도록 권한을 주었기 때문에 그와 좋은 관계를 가진 주변의 골퍼들이 안양CC에서 라운드할 수 있는 기회를 가졌다. 특이한 점은 재계의 인사들은 많았던 반면, 정치계 인사들은 많지 않았던 것으로 보아 이 회장이 정치계의 인사들과는 거리를 두고 있었던 것으로 보인다.

안양CC로 옮긴 후 이 회장을 모시고 라운드하게 되면 골프 플레이 이외에도 많은 질문을 받았다. 1번 홀에서 세컨드 샷을 한 이 회장이 미동도 없이 한참을 서 있더니 한장상을 불러서 이렇게 말했다. "이 나무가 전체 홀의 모습과 안 어울리니 표시를 해 둬." 라운드가 끝난 후 클럽하우스에서 코스 관리팀장을 호출했다. 코스 관리팀장은 농대를 졸업하고 서울컨트리클럽에서 근무하다가 일본으로 연수까지 다녀온 조경 전문가였다. 이 회장은 그 나무 대신에 어떤 나무를 심으면 좋겠냐고 물었고 벚나무가 좋겠다는 결론이 나오자 되도록 빨리 교체해서 심으라는 지시를 내렸다.

한장상은 이와 비슷한 경우를 여러 번 경험했다. 안양CC의 벚나무와 소나무 한 그루 한 그루가 모두 이 회장의 검증을 받은 작품이었다. 처음에는 소나무, 잣나무 등 빨리 자라는 나무들을 심었지만, 나중에는 5,000그루가 넘는 나무를 베어내고 이 회장이 고른 나무로 교체되었다.

안양CC에 와서 알게 된 사실은 이 회장이 굉장히 연습을 많이 하는 골퍼라는 것이었다. 라운드에서 볼이 잘 안 맞은 날에는 해가 질 때까지 연습하다가 해가 지면 자동차의 헤드라이트를 비춰가면서 연습을 계속한 날도 있을 정도이다. 한장상은 안양CC가 개장될 무렵 이 회장의 공식 핸디캡을 7~8 정도의 싱글 핸디캡 골퍼로 평가했다. 이 회장은 골프 스윙 이론에도 해박했다. 이 회장의 서재에는 골프 관련 서적이 빽빽하게 꽂혀 있었으며 해외 지사에서는 새로 나온 골프 서적을 계속 보내왔으므로 세계 골프업계의 흐름까지도 상세히 파악하고 있었다.

골프 장비에 관한 지식도 해박해서 새로 출시되는 드라이버를 모두 알고 있을 정도였다. 어느 날 이 회장의 호출을 받고 장충동에 갔더니 서재와 연결된 방으로 안내되었는데 그곳에는 수많은 골프 클럽이 전시되어 있었다. 거의가 새 제품인 것으로 보아 선물 받은 골프 클럽인 것 같았다. 이 회장은 그곳에 있는 골프채들을 프로 숍에 내다 팔아서 생활비에 보태 쓰라고 했다.

한장상이 일본 대회에 참가할 때 이 회장도 도쿄로 출장 와 있는 경우가 몇 번 있었다. 이 회장은 한장상을 자기가 투숙하는 오쿠라 호텔로 불러서 밤늦게까지 골프에 관한 이야기를 나눴다. 골프 이야기는 몇 시간 동안 계속되기도 했고, 어떤 때는 한장상이 도저히 대답할 수 없는 질문도 했는데, 결국 그의 대답은 "공부해서 보고드리겠습니다."였다. 한장상은 공부를 많이 하지 못했고 사회생활도 못 해봤지만 회장에게 어떻게 대답해야 하는지를 알고 있었다. 이 회장은 한장상을 바로 옆방에서 자고 가도록 배려했다. 당시 큰 딸인 이인희가 도쿄에 살고 있었는데 이 회장이 시간 있을 때 이인희의 집에도 자주 놀러가라는 지시를 해서 대회가 끝난 후 몇 번 방문한 적이 있다. 이 회장이 한장상을 자기의 아들처럼 아낀다는 증거였다.

이병철 회장 자녀들과의 인연

이 회장은 3남 3녀를 두었는데 모두 골프를 쳐서 골프가문이라 불러도 과언이 아니었다. 골프를 통해 체력을 단련시키고 인성교육도 한 것이다. 한장상은 안양CC에서 이 회장 자녀들의 레슨을 담당했다. 우선 이건희 회장은 한장상이 안양CC에 오기 전부터 알고 지내는 사이였는데, 안양CC로 온 후에도 가끔 함께 라운드하는 사이였다. 이건희 회장은 학창시절 레슬링 선수였기 때문인지 팔심이 아주 좋았다. 연습장에서 이건희 회장과 함께 있었던 어느 날, 이 회장이 "니 둘이 팔씨름 한번 해봐라."라고 제안했다. 팔심이라면 누구보다 자신 있었던 한장상은 자기가 쉽게 이길 거라고 생각했지만 막상 시작해 보니 승부를 가리기 어려울 정도로 막상막하였다. 이건희 회장은 1960년대 후반쯤부터 싱글 골퍼가 됐는데 아마추어로서는 보기 드문 장타여서 한장상보다 더 멀리 칠 때도 있을 정도였다. 아버지가 어려워서인지 부자가 함께 라운드를 하는 경우는 적었다. 골프 외에도 승마를 좋아했던 이건희 회장은 아버지처럼 조용한 말투였으며 말을 많이 하지 않았다. 한장상은 안양CC를 그만두고 몇 년이 지난 1970년대 중반쯤 이건희 회장과 마지막 라운드를 했다.

한솔그룹의 고문이었던 큰딸 이인희 고문과 신세계 회장인 막내딸 이명희 회장은 함께 와서 라운드를 하며 다정하게 지내는 모습을 보여주었다. 이인희는 점잖고 말수가 적은데 비해 이명희는 스윙이 멋지고 골프 실력도 수준급이었다. 골프가 잘 안 되는 날은 토라지기도 했지만 그때뿐이었고, 한장상과는 골프에 대한 대화를 가장 많이 나눴다. 도와줄 일이 없는지 항상 물으며 잘 챙겨줬고, 한장상이 안양CC를 떠난 후에도 틈틈이 양복표나 명절 선물을 보내주면서 떠나간 아쉬움을 표시해 주었다.

안양CC를 떠나야 했던 사건

　한장상은 1969년 안양CC에서 33개월을 근무한 후 삼성을 떠나야 했다. 고작 30대 초반의 나이에 이 회장과 자주 라운드를 하고, 파격적인 봉급과 많은 혜택을 받자 주위에서 시기하는 분위기가 있었던 것이 주된 이유였다. 당시 지배인이 자주 바뀌던 상황이었는데, 이 회장 친구의 아들이 지배인 대리로 근무 중이었다. 이 회장이 골프에 대해 가르치고 둘이 잘 지내라는 지시를 해서 1년 가까이 알고 지내온 사이였다.

　하지만 사건은 불현듯 찾아왔다. 한장상이 일본 대회에 다녀오고 나서 얼마 안 된 월급날, 자기도 모르는 외상값이 월급에서 공제된 것을 따졌더니 지배인이 그럼 없는 일을 꾸몄겠느냐고 대답하며 말싸움이 생겼다. 그러던 중 "프로가 뭐 대단한 거냐."라는 말을 들은 한장상이 화를 참지 못하고 주먹을 날렸고, 복싱으로 단련된 그의 펀치를 맞은 지배인은 거품을 물며 쓰러지고 말았다. 지배인에게 간질병 증세가 있다는 사실도 나중에 알게 되었다. 다음 날 바로 화해하면서 일이 봉합된 줄 알았지만 이 사건은 이 회장에게 보고되었다.

폭행 사건이 있었던 그 주 토요일, 한장상은 1969년 KPGA 선수권대회에서 2년 연속 우승을 차지했다. 우승으로 마음이 들떠 있던 한장상은 평소와 다름없이 출근하여 라운드를 나온 이 회장에게 인사를 건넸는데 이 회장은 그를 외면하면서 인사를 받지 않았다. 함께 라운드에 나온 동반자들이 "한 프로, 우승 축하합니다!" 하며 축하해주는데도 이 회장은 아무런 반응이 없었다. 라운드가 끝나고 배웅할 때도 아무런 반응이 없기는 마찬가지였다.

문제가 커진 것을 알게 된 한장상은 그날 밤 장충동 회장 댁을 찾아갔다. 딸들이 "지금 서재에 계시는데 만나고 싶지 않다고 말씀하세요."라고 전해주면서 오늘은 그냥 돌아가는 것이 좋겠다는 의견을 주었다. 아버지께서 사내 폭력은 절대로 용서하지 않는 전통을 지키려고 하신다는 말도 해 주었다. 한장상은 이 회장의 서재를 향해 큰 소리로 말했다. "회장님! 제 말을 한 번만 들어주십시오. 저는 회장님을 믿고 여기까지 왔습니다!" 그러나 서재에서는 아무런 반응이 없었다. 한장상은 고심 끝에 일주일 뒤 사표를 냈고, 보름 만에 사표가 수리되었다. 한장상의 골프 경력 중 가장 후회되는 사건이 이렇게 끝나 버린 후 이 회장에게 인사도 못하고 짐을 싸서 안양CC를 떠났다. 그의 인생에서 가장 큰 행운이었던 기회가 이렇게 허무하게 끝난 것이다.

그 후 약 2년여가 지난 1971년에 이 회장의 큰아들 이맹희 부회장에게서 전화가 왔다. 오랜만에 얼굴이나 한번 보게 본사로 나오라는 것이었다. 초대를 받은 그의 가슴은 철없이 뛰었다. 당시 삼성 본사는 태평로의 삼성 본관 빌딩이 아니라 소공동 롯데호텔 건너편의 미국 대사관 바로 옆이었다. 이맹희 부회장을 찾아가니 대뜸 "한 프로, 회장님 자리에 계시니 인사드려야지요."라고 말했다. 이 회장은 한장상을 보자마자 "니 잘 지내고 있나? 내가 널 좋아했는데 그렇게 헤어져서 마음이 편치 못했다. 생활은 어렵지 않나?"라고 물었다. 또 어려운 환경이라도 골프를 더 잘하라고 격려해 주었다. 이 회장은 사무실을 나오는 그에게 100만 원을 직접 건네주었는데, 당시 집 한 채 값이 5~60만 원 정도였으므로 정말 큰돈이었다. 한장상은 눈물이 쏟아질 것 같았다. 안양CC를 떠난 후 아시아서킷 대회 등에 출전하기 위한 경비가 모자라 힘들었는데 뜻밖의 큰 도움을 받았기 때문이다.

한국오픈 4회 연속 우승

　한장상은 한국을 대표하는 내셔널 타이틀인 한국오픈에서 7회나 우승한 최다승자이다. 1964년부터 1967년까지 4년 연속 우승했고, 1970년부터 1972년까지 3년 연속 우승했다. 1958년의 1회 대회부터 1963년 6회 대회까지는 모두 외국 선수가 우승을 거두었다. 초대 챔피언은 미군 소속 무어였고 2, 3회 우승자도 미군 소속 오빌 무디(Orville James Moody)였다.

　1962년 한국오픈은 5·16 이후에 들어선 새 정부가 개방적이라는 점을 홍보하기 위해 골프를 활용한 사례였다. 당초 6월에 개최될 예정이었지만, 10월로 연기한 후 상금 규모를 대폭 늘려서 일본오픈에 참가했던 9개국 선수들을 모두 초대했다. 그러나 초대에 응한 국가는 일본과 대만뿐이었는데 대회 결과 1위부터 6위까지 전부 일본과 대만이 차지했고, 한국 선수 중에는 한장상의 공동 6위가 가장 높은 순위였다. 아직 일본과 기량의 차이가 크다는 것이 확인되었는데, 특히 우승자인 나카무라 도라키치가 우승자 연설에서 한국골프는 일본에 비해 10년 이상 뒤져 있다는 발언을 해 논란이 되었다. 공동 6위였던 한 장상은 주변 회원의 통역을 듣고 마음속으로 '내가 반드시 10년 안에 일본오픈에서 우승하겠다!'라고 다짐했다. 그리고 그의 다짐은 정확히 10년 후 1972년 일본오픈에서 우승함으로써 지켜졌다.

1963년 한국오픈도 일본과 대만이 대거 참가한 국제 대회로 열렸지만 대만 선수가 우승했고, 한국 선수는 한장상의 7위가 최고 순위였다. 정부는 골프 대회가 홍보에 큰 도움이 되지 않고 한국 선수들이 상위권에 들지 못하면서 상금으로 주는 귀한 외화만 외국으로 유출된다고 판단하고 1964년부터 한국오픈에 외국선수들을 초대하지 않았다.

1964년 7회 대회에서 한국 선수끼리 경쟁하게 되자 한장상의 독무대가 시작되었다. 1회부터 6회까지 계속 톱10에 들었던 선수는 한장상뿐이었으므로 그의 탄탄한 실력은 이미 검증된 상태였다. 대회 전부터 우승에 자신 있었던 그는 공동 2위였던 배용산, 김학영, 조태운에게 13타 차이로 첫 번째 우승을 거두었다. 우승 스코어는 6오버파 294타였다. 드디어 한국오픈에서 최초로 한국인 골퍼가 우승하는 순간이었다.

1965년에는 2, 3회 대회 우승자인 미군 소속 오빌 무디가 출전하여 우승이 쉽지 않았다. 무디는 이미 한국오픈과 KPGA 선수권대회에서 우승했으며, 전역 후 미국으로 돌아간 뒤 1969년 US오픈 챔피언이 된 실력자이다. 그러나 새로운 스윙에 완전히 적응하여 자신감이 높아진 한장상은 1라운드부터 무디에게 3타 차 앞서며 선두에 나선 후 와이어 투 와이어로 두 번째 우승을 차지했다. 우승 스코어는 이븐파 288타로 2위 무디에게 3타 앞섰고, 3위 이일안과는 13타나 차이가 났다.

1966년 대회는 비바람이 세차게 부는 안 좋은 날씨였지만 한국 선수들끼리 경쟁했으므로 비교적 수월하게 우승을 차지했다. 궂은 날씨로 인해 7오버파 295타로 부진했지만, 2위 홍덕산과 이일안에게 9타 차 승리였다.

1967년 대회에는 일본과 대만 선수들이 대거 출전신청을 해서 한장상도 크게 긴장했다. 2라운드에서 라이프 베스트 스코어인 66타를 치며 선두에 나섰고, 대만의 진청파와 끝까지 접전을 벌인 끝에 1타 차로 4연속 우승을 달성했다. 우승 스코어는 7언더파 281타였는데 1964년 KPGA 선수권대회에서 세운 자신의 우승 스코어 282타를 갱신한 신기록이었다. 특히 1962년 우승자였던 일본의 나카무라 도라키치를 9타 차로 제압한 것이 통쾌했는데, 알고 보면 나카무라는 한장상을 좋아했으며 일본에 진출했을 때도 큰 도움을 준 대선배 골퍼이다.

한국오픈 아시아서킷 대회 3회 연속 우승

    1968년과 1969년 한국오픈에는 일본과 대만 선수들이 대거 출전하여 대만이 연속 우승을 차지했다. 한국 선수 중에서는 한장상이 5위와 3위로 점수가 가장 좋았지만 아직은 국내용 선수이고 일본이나 대만 선수들과 경쟁할 수준은 안 된다는 평가가 나와서 자존심에 상처가 났다.

    1970년 대회부터 한국오픈이 아시아서킷 공식 대회로 편입되면서 일본, 대만은 물론이고 필리핀, 호주, 뉴질랜드까지 아시아 최강의 선수들이 모두 출전하게 되었다. 한장상이 한국 최강인 것은 인정하지만 골프 선진국의 선수들을 누르고 우승할 수 있다고 예상하는 사람은 거의 없었다. 특히 아시아서킷 골프의 최강인 필리핀의 벤 아르다(Ben Arda)는 작은 체격이지만 가장 강력한 우승후보였다.

    참고로, 아시아서킷(Asia Golf Circuit)은 1962년 창설된 골프 투어이다. 필리핀, 홍콩, 싱가포르, 말레이시아, 일본의 내셔널

오픈을 모아서 시작했고, 1974년까지 10개 대회로 성장했다. 한국오픈도 1970년부터 아시아서킷에 가입되었다. 당시 아시아 유일의 골프 투어였던 아시아서킷의 상금왕은 디오픈과 US 오픈 출전권을 받았고, 일본 투어 출전카드도 받는 등 큰 혜택이 있었는데 주로 대만과 호주 선수들이 그 혜택을 누렸다. 1994년 아시안 투어가 출범하면서 각국의 오픈 대회들이 아시안 투어로 이동했고, 1999년 아시아서킷은 역사 속으로 사라졌다.

2라운드가 끝난 후 예상대로 필리핀의 벤 아르다가 선두에 나섰고, 71-72타를 친 한장상은 2타 차이로 쫓아가고 있었다. 그런데 3라운드에서 한장상이 76타, 아르다가 71타를 쳐서 선두와의 차이는 7타로 벌어졌고, 이제 희망이 없는 듯 보였다. 마지막 라운드에서 한장상은 챔피언조의 바로 앞 조에서 플레이 할 수 있게 조 편성되었다. 성적으로 보면 그보다 더 앞에서 쳐야 하지만 한국 선수 중에서 성적이 가장 좋은 선수를 챔피언조 앞에 배정하려는 대한골프협회의 조정으로 일단 유리한 조 편성을 받은 것이다.

마지막 라운드가 열린 1970년 4월 12일, 아침 일찍부터 비바람이 세차게 불더니 점점 기온이 낮아지면서 진눈깨비까지 섞여 내리기 시작했다. 선두였던 벤 아르다는 추위를 이기기 위해 옷을 몇 겹으로 껴입고도 몸을 떨면서 1번 홀 티샷을 했다. 반면 한장상은 그 날씨가 너무나 반가웠다. 7타나 뒤지고 있는데 바람이 강하게 불어야 변수가 생기는 것이고, 특히 한장상은 바람을 뚫고 나갈 수 있는 낮은 탄도의 아이언샷을 자유롭게 칠 수 있어서 크게 유리해지기 때문이었다. 얇은 긴 팔셔츠 하나만 입고 출발한 한장상은 역전 우승할 수도 있다는 희망으로 플레이에 집중하여 추운 줄도 몰랐다.

6번 홀까지 버디 두 개를 했는데 코스 내에 리더보드가 없어서 뒤에 따라오는 선수들의 스코어를 알 수 없었다. 하지만 갤러리들이 수시로 뛰어와서 뒤 조 상황을 중계했는데 아르다가 추위에 벌벌 떨며 연속으로 보기를 하고 있다는 소식을 전해주었다. 9홀이 끝났을 때 한장상이 3언더파, 아르다는 3오버파로 1타 차까지 좁혀졌다는 소식을 듣게 되자 그의 사기는 더욱 올라갔다. 결국 4라운드 스코어는 한장상 70타, 아르다 80타로 3타 차 역전 우승을 하게 되었다. 우승한 한장상이 1오버파 289타, 2위 벤 아르다 292타였고 한국 선수들은 아무도 톱10에 들지 못했다. 한국 최강의 한장상이 아시아서킷 최강자로 등극하는 순간이었다. 국내용 또는 '방안통수'라는 달갑지 않은 별명도 벗어버릴 수 있었다.

1971년 대회에도 대만, 호주, 미국 선수들이 대거 참가했다.

한장상이 1라운드에서 68타를 쳐서 선두에 나서더니 68-71-71-71타로 7언더파 281타를 치면서 와이어 투 와이어 우승을 차지했는데, 2라운드까지 공동선두에 나서며 라이벌 구도를 만들었던 조태운이 3, 4라운드에서 무너져 291타 공동 8위로 끝난 것이 못내 아쉬웠다. 골프가 발전하려면 한장상의 라이벌이 나타나 서로 경쟁하며 기량을 높여야 하는데 그의 독무대를 견제할 수 있는 선수는 아직 나타나지 않았다. 다만 신인 중에서 김승학이 공동 4위를 하며 유망주로 인정받기 시작했는데, 그는 1973년 한국오픈부터 우승하기 시작했다.

1972년 한국오픈은 서울컨트리클럽 군자리 코스가 폐쇄되기 직전에 개최된 마지막 대회이다. 호주, 대만, 뉴질랜드 등에서 아시아 최고 선수들이 참가했는데, 특히 호주의 그레이엄 마쉬(Graham Vivian Marsh)가 유력한 우승 후보였다. 1라운드에 마쉬 66타, 한장상 74타로 8타 뒤처진 채 출발했지만, 2라운드에서 한장상이 코스레코드인 65타를 치면서 반격에 나서 70타를 친 마쉬를 3타 차이로 추격했다. 3라운드에서 한장상 70타, 마쉬 73타로 공동선두가 되자 대회 분위기는 한장상 쪽으로 기우는 느낌이었다. 같은 조에서 플레이하며 긴장감이 높았던 4라운드가 시작되었는데 마쉬의 티샷이 한장상보다 20야드쯤 더 길었지만 아이언샷은 한장상이 더 날카로웠다. 9홀이 끝나고 2타 차로 리드하기 시작한 한장상은 13번 홀이 끝날 때쯤 우승을 예감했다. 결국 한장상 67타, 마쉬 73타로 대승을 거두었으며, 이제 코스가 없어지는 것을 아쉬워하던 서울컨트리클럽 회원들은 다른 우승보다도 훨씬 기뻐했다.

한장상은 서울컨트리클럽 코스가 폐쇄되기 전까지 단일 라운드 코스레코드 65타와 4라운드 대회 최저타 기록인 12언더파 276타를 기록했는데, 1958년 한국오픈 1회 대회 스코어가 42오버파 330타였던 것과 비교하면 54타나 차이가 나는 기량의 향상이 있었던 셈이다. 한장상은 한국오픈 7승째를 올리면서 최고 전성기를 구가했지만 이 우승이 한국오픈의 마지막 우승이었다.

한국프로골프(KPGA) 선수권대회 우승 7회

    1960년 제3회 KPGA 선수권대회에서 생애 첫 우승을 한 한장상은 1961년에 스윙 교정을 시작하면서 짧은 슬럼프가 왔고, 1961년에 2위를 했다. 새로운 스윙이 아직 완전하지 않은 상황이었으므로 실망하지 않고 새 스윙 연습에 매진한 결과, 1962년 KPGA 선수권대회에서 2라운드까지 선두 김학영에게 한 타 차 2위였지만, 3라운드에서 역전하며 3타 차 선두가 된 후 4라운드까지 스코어 차를 유지하며 우승을 차지했다.

    1963년 대회에서는 반대로 김학영이 한장상을 3타 차로 누르고 우승했는데, 그 후 삼성이 김학영을 후원하여 일본 진출을 추진한다는 소문이 돌기 시작했다. 김학영은 키 179센티미터에 체격도 좋아서 168센티미터의 한장상보다 외관상으로 훨씬 유망해 보였다. 서울컨트리클럽의 회원 중에서 이병철 회장과 가까운 사람들이 김학영을 최고 유망주로 점찍어서 삼성이 후원하도록 추천했고, 체격이 왜소한 한장상을 알아주는 회원은 거의 없었다. 이때 섭섭했던 마음과 김학영에 대한 부러움은 그가 더욱더 연습에 매진하도록 자극했다. 결국 삼성의 후원을 받은 김학영은 한장상보다 일찍 일본 투어에 진출했지만, 특별한 성적을 내지 못하고 일본 골프클럽의 헤드프로로 취직하면서 선수 생활을 마쳤다. 한장상도 김학영의 장타력과 아이언의 볼 스트라이킹 능력이 당시 최고 수준이었다는 것을 인정했지만, 김학영에게는 큰 대회에서 우승할 수 있는 강한 정신력이 부족했다. 한장상의 믿음대로 대회에서 우승하기 위해 가장 필요한 것은 샷을 치는 능력이 아니라 강심장이다.

1964년에 KPGA 선수권대회와 한국오픈을 동시에 제패한 한장상은 차츰 한국 골프를 석권하기 시작했다. KPGA 선수권대회에서 68-71-72-71타로 6언더파 282타를 치고 우승했는데, 2위 김성윤과 18타나 차이가 났다. KPGA 선수권대회 역사상 최초로 언더파 스코어로 우승한 선수였다. 3개월 후 개최된 한국오픈에서도 2위 김학영, 배용산을 13타 차이로 누르고 우승했으며, 이제 골프계는 한국 골프의 최강자를 한장상이라고 인정할 수밖에 없었다. 그럼에도 한장상은 늘 혼자서 늦게까지 연습을 하고는 했다. 결국 연습량의 차이가 스코어의 차이를 만들어 낸 것이다.

1965년부터 1967년까지는 연속 2위를 차지했는데, 김학영의 일본 진출로 인해 시합에 집중하지 못했기 때문이다. 그러나 한장상은 다시 1968년부터 1971년까지 4회 연속 우승 기록을 세웠다. 1968년 대회는 처음으로 서울컨트리클럽이 아닌 뉴코리아CC에서 개최되었는데 한장상이 6언더파 282타로 우승했다. 1969년 대회는 다시 서울컨트리클럽으로 돌아왔는데 한장상이 4언더파 284타로 2위 이일안에게 12타 차 우승을 거두었다.

1970년 대회는 태릉CC에서 개최되었다. 3라운드까지 2위 박정웅에게 10타를 리드하며 우승이 확실했는데, 4라운드에서 함께 치던 박정웅이 한장상에게 이렇게 말했다. "형, 이제 우승 확실하니까 좀 살살 쳐줘라. 우리가 너무 창피하잖아." "그래, 나도 살살 치려고 하는데 살살 치니까 더 잘 맞는 것을 어째?" 결국 한장상은 2위 박정웅에 15타 차이로 우승했다.

1971년 대회는 KPGA 선수권대회가 서울컨트리클럽에서 열린 마지막 대회였는데 한장상이 3언더파 285타로 4년 연속 우승을 챙겼다. 이렇게 승승장구하는 동안 강력한 라이벌이 없는 것을 늘 아쉬워했다.

● 그 밖의 국내 대회 우승 5회

    프로골퍼가 출전할 수 있는 국내 대회는 1958년부터 1975년까지 KPGA 선수권대회와 한국오픈 단 두 개뿐이었다. 두 대회 중에서 한장상이 첫 우승을 한 1960년부터 마지막 우승을 한 1972년 사이 13년 동안 총 26개의 대회에서 외국 선수가 7회 우승했고, 나머지 19개 대회 중에서 14회 우승한 한장상의 기록은 그가 한국 골프의 독보적인 존재였음을 증명해 준다. 1975년까지 두 개의 대회만으로 존재했던 프로 골프 대회는 1976년 처음으로 개별기업이 후원하는 대회인 오란씨오픈이 생긴 후 1985년까지 10개의 대회로 성장했다.

    1972년 한국오픈과 일본오픈을 제패한 한장상은 그 이후 일본 투어에서 활약했으므로 한국 대회에 출전할 기회가 적었고, 출전하더라도 우승 욕심을 내지 않았다. 한장상이 다시 한국에서 우승한 것은 1978년부터인데 1978년 오란씨오픈과 쾌남오픈 우승, 1981년 신한동해오픈 우승, 1982년 쾌남오픈과 신한동해오픈에서 우승한 것이 마지막 우승이다. 특히 1981년 신설된 신한동해오픈은 상금이 파격적으로 증액되어 모든 프로 선수들이 흥분하면서 기다렸다. 제1회 대회는 한장상의 홈코스였던 남서울CC에서 열렸는데 1라운드에서 6오버 파로 부진하게 출발했지만, 나머지 3라운드에서 무려 9타를 줄이는 저력을 보이며 3언더파 285타로 우승했다. 1982년 제2회 대회는 관악CC에서 개최되었는데 연장전까지 가는 명승부가 펼쳐졌다. 초반에 선두로 나섰던 한장상의 낙승이 예상됐지만 4라운드에 부진하여 최상호, 최윤수와 연장전을 벌여야 했다. 마흔네 살의 한장상은 20대의 기수였던 최상호와 30대였던 최윤수를 제압하여 최고 상금대회를 2년 연속 제패했다.

한장상은 1982년 44세의 나이로 2승을 추가하고 2위도 두번 하면서 제2의 전성기를 맞는 듯했지만, 1983년 KPGA 회장에 당선되면서 선수 활동을 중지해야 했다. 그는 당시 상황을 지금도 아쉬워하고 있다.

● 호주 PGA 선수권대회에서 만난 잭 니클라우스와 게리 플레이어

1968년 한장상은 이일안 프로와 한 팀이 되어 로마 월드 컵대회에 출전할 예정이었다. 두 선수는 가는 길에 호주에 들러 훈련 겸 경기감각을 익히기 위해 서호주 퍼스오픈과 멜버른의 호주 PGA 선수권대회에 출전했다. 서울을 출발해서 퍼스, 시드니, 베이루트, 로마로 가는 벅찬 일정이었다. 퍼스오픈에서는 캐디가 없어서 연습라운드에서 혼자 카트를 끌면서 플레이했다. 너무 힘들었던 한장상은 주최 측에 부탁해서 캐디로 자원봉사를 신청한 회원을 소개받았다. 시합 당일, 호텔에서 기다리는데 롤스로이스 한 대가 미끄러지듯 들어오더니 캐디가 내리는 것이 아닌가. 롤스로이스를 타고 대회장으로 가는 한장상의 마음은 뿌듯했고 뭔가 좋은 징조인 것 같았다. 정말 행운이 있었던 것인지 1라운드에서 벙커샷을 세 번이나 홀인 시키면서 좋은 스타트를 보여 공동 6위로 마무리했고, 기대도 안 했던 꽤 큰 상금을 챙길 수 있었다.

퍼스오픈이 끝나고 호주 PGA 선수권대회가 열리는 멜버른의 로열 멜버른 골프클럽에 도착했다. 로열 멜버른은 호주 제1의 골프 코스이며, 세계 100대 골프장 리스트에서도 항상 상위권에 있는 명문 중의 명문 코스이다. 한장상은 그렇게 촘촘하고 카펫 같은 페어웨이는 처음이었다. 퍼스의 상승세를 이어가면서 1라운드에 69타를 친 한장상의 호텔 방으로 메모가 들어왔다. 2라운드의 조 편성이 바뀐다는 안내였는데 새로운 플레잉 파트너는 당시 미국에서 한창 뜨고 있었던 잭 니클라우스였다. 스물여덟 살이었던 니클라우스는 당시 이미 메이저 7승으로 커리어 그랜드 슬램을 기록한 세계 최강의 선수였다. 한장상은 자기가 어떤 이유로 니클라우스와 함께 플레이하게 되었는지 알 수 없었지만, 흥분되는 마음을 가라앉히기 어려웠다.

2라운드 티잉 구역에서 니클라우스를 만나 악수하며 인사를 나눴는데 생각보다 거구였지만 손을 잡아보니 한번 해볼 만하다는 생각이 들었다. 한장상은 악수하면서 그 사람의 손 크기와 악력을 파악하면서 얼마나 강한 골퍼인지 가늠해 보는 습관이 있었다. 보통 손이 크고 악력이 센 사람일수록 장타를 칠 확률이 높았다. 1번 홀은 약간 오른쪽으로 휘어지는 도그렉 홀이었는데 니클라우스는 드라이버 대신 1번 아이언을 빼 들었다. 어드레스 후에 볼을 칠 때까지 왜글을 많이 하면서 지루하게 시간을 끌던 니클라우스의 아이언샷은 낮게 빨랫줄처럼 뻗어 나갔다. 한장상은 드라이버 티샷을 했고 만족스럽게 잘 맞았다. 페어웨이에 가 보니 두 개의 볼이 엇비슷하게 나가 있었는데 먼저 걸어가던 니클라우스가 조금 덜 나간 볼을 확인하더니 멀리 있는 볼 쪽으로 걸어갔다. 한장상은 자신의 드라이버샷이 니클라우스의 1번 아이언샷보다 짧게 나가는 것을 보며 자존심이 크게 상했지만 어쩔 수 없었다. 먼저 샷을 해야 하는 한장상은 6번 아이언으로 온 그린을 했는데 니클라우스는 8번 아이언으로 쉽게 온 그린했다. 아이언 거리의 차이가 2클럽쯤 되었다.

3번 홀까지 서로 파를 하며 팽팽한 접전을 벌이다 보니 어느새 니클라우스에 대한 두려움은 사라지고 전투력이 되살아났다. 파 3 4번 홀에서 멋진 티샷으로 4미터쯤에 붙인 한장상은 꼭 버디를 해서 앞서 나가고 싶었지만, 욕심이 넘친 나머지 3퍼트를 하면서 보기를 했다. 파 5 7번 홀은 542야드이고 강한 맞바람이 불고 있었는데 세컨드 샷으로 100야드 앞까지 레이업한 한장상의 샷을 본 니클라우스는 2번 아이언으로 그린 에지까지 가는 괴력을 보여주었다. 한장상은 세 번째 샷을 위해 9번 아이언을 사용했는데 그의 특기 샷인 낮은 펀치샷이 깃발을 2미터쯤 지나 떨어지더니 강한 백스핀이 걸리면서 홀 바로 옆에 멈췄다. 니클라우스가 "뷰티풀 샷!"이라고 칭찬하며 어깨를 툭 쳤고, 두 선수는 나란히 버디를 잡고 다음 홀로 이동했다. 한장상은 라운드가 끝날 때까지 긴장하며 최선을 다했지만 결과는 한장상 2언더파 70타, 니클라우스 4언더파 68타였다. 전후반 9홀에서 1타씩 뒤진 채 니클라우스와의 처음이자 마지막 라운드가 끝났다. 니클라우스는 전반적으로 말이 없고 자기 플레이에만 집중하는 스타일이었다.

3라운드에서는 게리 플레이어와 같은 조가 되었다. 플레이어는 1965년에 이미 커리어 그랜드 슬램을 달성한 후 니클라우스의 라이벌이 된 선수였다. 한장상과 체격이 비슷한 플레이어는 티샷이 15야드 이상 길게 나갔다. 성격은 니클라우스보다도 훨씬 친절해서 한장상이 굿샷을 칠 때마다 다가와서 칭찬을 했다.

니클라우스나 플레이어 같은 당대 최고의 선수들과 동반 라운드를 한 것은 큰 행운이었다. 한장상은 세계 최고 선수의 골프가 어떤 수준인지 확인했고 거리 차이의 한계를 절실히 느꼈다. 다른 한편으로는 자기의 아이언샷만큼은 세계 최고와 비교해도 손색이 없다는 자신감을 얻을 수 있었다. 한장상의 골프는 자신도 모르게 업그레이드되고 있었다.

• 일본 투어 진출

한장상은 1968년부터 일본 투어에 출전하기 시작했다. 당시에는 한국 투어 대회가 너무 적어서 생계를 위한 수단으로 외국 투어에 진출할 수밖에 없었다. 본격적인 투어 생활을 위해 일본에 도착한 한장상에게 닥친 가장 큰 난관은 시합이 아니라 숙식과 이동이었다. 일본어를 제대로 읽지도 못하면서 골프백과 트렁크를 가지고 이동하다가 기차를 잘못 타서 골프백을 멘 어깨에 피가 맺혀서 시합장에 도착한 적도 여러 번 있었다. 그래도 시합장에 도착하면 안도의 한숨을 쉬며 정신을 가다듬었다. 가격이 저렴하면서 입에 맞는 음식을 찾는 것도 실패를 경험하면서 조금씩 나아졌다.

한국에서 온 선수에 대한 일본 선수들의 텃세도 극복해 나가야 하는 과제였다. 친구가 되고 싶었던 한국계 교포 선수가 오히려 더 싸늘하고 불친절하게 대해줄 때 느꼈던 실망과 배신감은 한장상을 더 강하게 만들었다. 다행히 대회가 거듭되면서 좋은 성적을 보여 TV 뉴스에 얼굴이 나오기 시작하자 관심을 보이며 도와주는 교포들이 생겼고, 일본의 유명 선수들도 먼저 인사를 하며 친근함을 표시해 주었다.

시합이 없어서 쉬는 날, 호텔 근처 파친코에 갔을 때의 일이다. 보통 2,000엔 정도를 투자하면 한 시간 정도 혼자 놀 수 있어서 가끔 갔는데 그날은 조금 특별한 날이었다. 파친코 기계 앞에 앉아서 게임을 시작했는데 조금 후에 종업원이 오더니 혹시 한국에서 온 골프 선수 아니냐고 물어온 것이다. 한장상이 그렇다고 답하자 잠시 후에 다시 와서 사장이 사무실에서 잠깐 만나기를 원한다고 했다. 알고 보니 파친코 사장이 재일교포였는데 카메라로 홀에 있는 한장상을 알아봤다며 골프 대회에서 좋은 성적을 기원한다고 격려해 주었다. 다시 파친코 홀로 돌아오는데 종업원이 그를 다른 기계로 안내해 주었다. 그 기계는 자주 당첨이 되어 쇠구슬이 쏟아져 나왔고, 한장상은 10,000엔이나 따서 호텔로 돌아오면서 파친코 사장의 배려를 느낄 수 있었다.

교포의 초대로 그의 집에 차를 마시러 갔다가 벽에 걸려있는 김일성 사진을 보고 도망치듯이 돌아온 경험도 있었다. 조총련의 활동이 왕성하던 시절이었는데, 한국 교포로 알고 가까이 지내다가 북한 쪽 사람인 것을 알고는 발길을 끊은 사례도 있다.

　우승권에 이름을 올리기 시작하면서 일본 사람들은 그를 '도라(とら)'라고 부르기 시작했다. 일본어로 호랑이라는 뜻인데, 시합에 집중하는 그의 표정이 무서운 호랑이 인상이어서 그런 별명이 붙은 것이다. 중계방송의 해설자가 한장상을 도라라고 부른 후 골프 팬들도 시합장에서 도라를 외치기도 했다. 한장상은 우연히도 호랑이띠였고, 그야말로 한국이 배출한 원조 타이거였다.

1972년 일본오픈 우승 - 전성기의 최정점

1972년 여름, 딸만 넷이던 한장상에게 드디어 아들이 태어났다. 한국으로 와서 아들과 시간을 보낸 한장상은 일본오픈을 준비하기 위해 일찍 일본으로 돌아갔는데, 새로 태어난 아들이 큰 행운을 가져올지도 모른다는 예감이 들었다. 그런데 일본오픈 직전에 출전한 골프다이제스트 배 대회에서 배탈이 심하게 났다. 고기를 먹고 체했는데 병원에 가서 약을 받아먹었는데도 상태가 나아지지 않았다. 아픈 몸을 이끌고 일본오픈 대회 장소인 오토네 컨트리클럽에 도착했지만 컨디션이 회복되지 않았다. 대회 날짜가 다가오면서 한장상은 출전을 기권해야 할지 고심했지만 비싼 참가비를 낸 것이 아까워 쉽게 포기할 수 없었다.

연습라운드 날에 도착한 한장상은 평소 알고 지내던 경기 위원에게 몸이 아파 출전이 어려울 것 같다는 의사를 전달했다. 그 경기 위원은 이왕 시합 장소까지 왔으니 일단 첫 라운드를 해보고 정 힘들면 그때 기권할 수도 있다는 제안을 했는데 그 말을 들은 한장상은 연습라운드에 나가보자는 결심을 하게 되었다. 며칠 동안 제대로 먹지 못해 기력이 떨어진 한장상은 골프채를 제대로 휘두를 수 있을지도 자신할 수 없었지만, 일본 최고의 대회인 일본오픈까지 와서 쳐보지도 못하고 돌아간다는 것은 있을 수 없는 일이라는 생각이 들었다. 코스에서 쓰러지는 한이 있어도 일단은 나가보자는 결심이 섰다.

1라운드가 시작되었다. 1번 홀에서 페어웨이까지만 가자고 살살 친 티샷이 생각보다 잘 맞았고 세컨드 샷이 온 그린 되었다. 파를 잡고 출발하자 기분이 조금 나아졌고, 계속 파 행진을 하다가 6번 홀에서 버디를 하면서 자기가 아프다는 사실조차 잊어버리고 플레이에 집중하게 되었다. 1라운드 결과 68타를 친 한장상은 공동 선두에 나서게 되었는데 경기 위원과 친한 동료 선수들이 진짜 아픈 게 맞느냐고 물을 정도였다.

기권을 전제로 1라운드에 나갔던 한장상은 이제 목표를 컷 통과로 바꿔서 2라운드에 출전하기로 했다. 주사를 맞고 약을 먹었지만 끝내 컨디션은 좋아지지 않았다. 2라운드 첫 홀에서 파를 잡은 후 2번 홀 티샷이 페어웨이 벙커로 들어갔다. 그린 앞에는 큰 벙커가 있고 그사이에 높은 소나무까지 있어서 그린을 공략하기에는 무리가 있었다. 한장상은 일단 그린 근처까지

가서 쇼트게임으로 파를 세이브하는 목표를 세우고 6번 아이언으로 샷을 했다. 잘 맞았다는 느낌이 들었는데 벙커를 떠난 볼이 소나무를 넘어 깃대 쪽으로 날아가서 벙커 너머에 떨어지더니 "와!" 하는 함성이 터져 나왔다. 그린에 떨어진 볼이 그대로 홀로 빨려 들어가 이글이 되는 순간이었다. 1번 홀 티잉 구역에서 보이는 2번 홀 그린에서 일어난 상황이므로 한장상은 볼 수 없었지만 많은 갤러리가 목격하고 환호했다. 행운의 이글 이후 침착하게 플레이한 한장상은 아픔을 잊은 채 이틀 연속 4언더파 68타를 치며 순식간에 단독 선두가 되었다.

3라운드에서 한장상은 지친 모습이 역력했다. 일주일 이상 굶다시피 하며 플레이했으므로 이제 스윙 자체가 힘에 부쳤다. 그래도 버디 두 개, 보기 한 개를 기록하며 1언더파를 쳐서 태국의 수크리 온샴(Sukree Onsham)과 공동 선두가 되었고, 2타차 3위로 일본 골프의 최고 스타 점보(마사시) 오자키가 따라왔다. 라운드가 끝나자마자 호텔로 돌아온 한장상은 식사도 못하고 깊은 잠에 빠졌다.

우승자는 골프의 신이 점지한다

4라운드가 열린 10월 1일, 점보 오자키를 응원하기 위해 15,000명에 달하는 갤러리가 몰려들었다. 하지만 한장상에게도 작은 응원단이 몇 명 있었다. 재일교포 김태성이 주축이 된 한국 교포들이었다. 나고야에 거주하는 김태성은 한장상과 동갑이었는데, 그가 선두로 분투하자 아들을 데리고 신칸센(신간선) 기차를 타고 도쿄를 거쳐 이바라키현까지 응원을 왔다. 1번 홀 티샷을 하는 한장상에게 환호해 준 응원단은 18홀 내내 따라다니며 큰 힘이 되어 주었다. 13번 홀에서는 한장상의 볼이 러프에 떨어졌을 때 나쁜 곳으로 볼을 차 버리려는 일본 갤러리를 막아 내기도 했다.

한장상이 우승을 위해 제압해야 하는 선수는 난적 점보 오자키였다. 한장상보다 9살 아래인 오자키는 고등학교 때 야구 선수였다가 프로야구 구단 라이온스에서 3년간 투수로 활동한 후 골프로 전향해서 스물세 살인 1970년에 프로골퍼가 된 선수였다. 그의 이력이 독특하기도 하지만, 혜성같이 나타나서 300야드가 넘는 티샷을 보여주는 그에게 사람들은 '점보'라는 별명을 붙여주었다. 후일담이지만, 한장상과 대결했던 1972년까지는 우승이 없다가 1973년에 무려 5승을 하며 상금왕에 올랐고, 일본 투어 94승, 상금왕 12회를 차지한 후 2011년 골프 명예의 전당에 헌액된 위대한 선수이다. 그의 팬들의 과격한 응원 문화는 1960년대에 있었던 아널드 파머(Arnold Palmer)의 응원단인 '아니스 아미(Arnie's Army)'와 다를 바 없었다.

4라운드가 시작되면서 오자키는 300야드를 넘나드는 장타를 날리며 무력 시위에 나섰고 응원단은 열광했다. 한장상이 믿을 것은 강한 정신력밖에 없었다. 전반 9홀이 끝났을 때 태국의 온샴이 3위로 쳐졌고, 오자키가 한 타 차이로 따라오고 있었다. 계속되는 오자키의 장타에 정확한 아이언샷으로 맞받아 쳤고, 14번 홀 파 5에서 오자키의 투 온 버디를 쓰리 온 버디로 방어하자 오자키 응원단에서는 신음 섞인 탄성이 터져 나왔다. 갤러리가 야유를 보내면 웃으며 손을 들어줄 정도로 마음의 평정을 찾았고, 몸이 아프다는 사실도 완전히 잊은 채 플레이에 몰입했다.

이제 파 5 540야드인 마지막 홀에 도착했다. 두 선수가 티샷한 볼이 모두 페어웨이에 떨어졌는데 오자키의 볼이 30야드는 더 멀리 나갔다. 한장상은 세컨드 샷을 페어웨이로 레이업 한 후 오자키의 볼 쪽으로 걸어가며 대화했다. "점보, 여기서 투 온 버디를 잡지 못하면 나한테 지겠는데?" 오자키는 깍듯하게 선배 대접을 하면서 대답했다. "네, 그렇겠지요." 오자키의 남은 거리는 240야드 정도였는데 그는 잠시 망설이더니 우드를 빼 들었다. 깃발이 큰 벙커 뒤에 꽂혀 있어서 벙커를 넘겨야 했다. 딱 소리가 나며 오자키의 우드샷이 깃발 방향으로 날아갔고 한장상과 모든 갤러리가 숨을 죽이며 바라보았다.

잠시 후 갤러리의 탄성이 터져 나왔다. 오자키의 볼이 벙커에 빠진 것이다. 세 번째 샷을 그린에 잘 올린 한장상은 우승 확률이 점점 높아지는 것을 느끼면서 그린으로 걸어갔다. 시간을 들이며 신중하게 친 오자키의 벙커샷은 그린 에지에 멈췄고, 칩샷 버디를 노린 볼은 깃대를 강하게 맞고 바로 홀 옆에 멈췄다. 머리가 쭈뼛 섰던 한장상은 3.5미터에서 투 퍼트 파를 하며 한 타 차 우승이 확정되었다. 최종스코어는 4라운드 합계 10언더파 278타로 당시까지 일본오픈 최저타 기록이었다. 많은 사람들이 한장상과 포옹하며 축하해 주었는데 한국 사람은 단 두 명뿐이었다.

1971년까지 일본오픈 우승자는 우승컵과 상금 150만 엔을 받았다. 그런데 1972년부터 NHK 방송에서 라이브로 중계하

142

면서 상금이 250만 엔으로 대폭 상승했고, 우승컵과 함께 일본 수상이 주는 미래컵과 NHK가 주는 기념패도 받을 수 있었다. 또 도요타에서 주는 크라운 승용차도 부상으로 받아 한장상 골프 경력 중에서 최고의 상금과 부상을 챙기는 대회가 되었다. 이때 받은 일본오픈 우승컵은 현재 KPGA 사옥에 전시되어 있다.

우승자 인터뷰에서 누구에게 골프를 배웠는지에 대한 질문이 나왔는데, 그는 연덕춘 프로를 스승이라고 대답했다. 일본 언론에서는 1941년의 일본오픈 챔피언이 제자를 길러 31년 후 다시 일본오픈을 제패했다는 기사가 나왔다. 그러나 한장상은 마음속으로 이렇게 말했다. "나에게 골프를 가르친 스승은 없었다."

● 한장상을 도운 일본의 친구들

우승 후 일본에서 한장상의 인기는 급상승했다. 우승 장면이 NHK 방송의 라이브 중계에 이어 재방송까지 방영된 후 어디를 가든 그를 알아보고 반가워하는 팬들이 많이 생겼다. 식당에 혼자서 밥을 먹으러 가면 사인을 부탁하는 사람들이 많았고, 밥값을 내주는 사람도 많아져서 사기가 점점 올라갔다.

한장상을 물심양면으로 후원하며 보이지 않는 힘이 되어준 교포도 여러 명 있었다. 요시다 신조는 원래 제주 양씨인데 한장상보다 아홉 살 아래고, 1975년에 만나서 50년 가까이 우정을 이어 왔다. 그의 아버지는 박정희 대통령으로부터 훈장을 3개나 받은 교포 사업가였으며 공식 핸디 1인 고수 아마추어 골퍼였다. 한장상이 호주, 뉴질랜드 등 외국으로 출전하면 따라와서 연습라운드를 함께 하며 골프를 배우고 시합에 필요한 뒷바라지도 해주었다. 또 한장상이 딸의 유학비가 모자라 어려워할 때 큰돈을 선뜻 빌려주며 도와주었다. 서울대를 졸업한 후쿠오

카의 교포 게이지와 한국 이름을 사용하며 활발한 사업을 하고 있는 오일성도 감사한 친구들이다. 이 세 명은 한장상 때문에 서로 알게 된 친구들인데, 아직도 매년 한장상을 일본으로 초대하여 한자리에 모이는 시간을 가진다.

일본오픈 마지막 라운드에 아들을 데리고 응원해 준 김태성과의 인연도 오래 이어졌다. 김태성은 나고야에서 호텔을 운영했는데 한장상은 나고야 근처에 갈 때마다 그 호텔에서 머물며 우정을 나눴다. 일본 친구들에 대한 고마움은 아직도 한장상의 마음속에 깊게 새겨져 있다.

왼쪽부터 오일성, 한장상, 게이지, 요시다

• 장비를 후원한 일본 기업

한장상은 일본오픈에서 혼마 클럽을 사용했는데, 우승 후 혼마가 그의 우승 장면을 광고에 활용했고, 그는 우승 상금에 맞먹는 큰 금액을 광고비로 받았다. 그 이후 혼마의 매출은 급성장했는데 특히 한국에서 고가 브랜드 클럽의 대명사가 되었다.

우승 당시 사용했던 볼은 브리지스톤 제품이었다. 당시 일본 골프 볼 시장에서는 던롭이 가장 인기 있는 브랜드였는데, 시합 전에 브리지스톤의 신제품 몇 박스가 한장상에게 전달되었다. 3 피스 볼이었는데 바람에 날리는 느낌이 있고 살짝 톱을 쳐도 잘 갈라져서 꼭 마음에 들지는 않았지만 시합 때 사용해 달라는 지인의 부탁을 거절할 수 없어서 그 볼을 사용했고 우승을 거두었다. 우승 후 브리지스톤은 감사의 뜻을 표시해 왔으며 적지 않은 금액의 금일봉을 받을 수 있었다.

1973년 지인의 초대로 도쿄에서 저녁 식사를 하게 됐는데 국회의원이 참석한다는 연락을 받았다. 식사 장소에 도착해 보니 국회의원이라고 소개하는 두 명과 일본 최대의 스포츠 용품 브랜드인 미즈노의 회장이 나와 있었다. 미즈노는 한장상에게 용품 후원 계약을 제안했는데 10년 동안 사용하는 장기 계약이었다. 한장상은 그 제안을 받아들였고, 서울에 큰 집을 살 수 있을 정도의 거액을 후원받았다. 그 이후 10년 동안 미즈노의 골프 클럽을 사용했다.

월터 하겐과 한장상

한장상이 배탈로 인해 일본오픈을 기권하기 직전, 아픈 몸을 이끌고 기적적인 우승을 거둔 스토리는 미국의 원조 골프 영웅 월터 하겐이 1914년 US오픈에서 우승한 스토리와 너무나 비슷하다.

1914년 US오픈은 시카고의 미드로티안 골프클럽에서 개최되었는데 예선 36홀을 5위로 통과한 하겐은 캐디로 따라온 친구와 저녁 식사를 위해 시카고 시내로 나갔다. 이리저리 둘러보던 중 랍스터가 전시된 식당을 발견했고, 가난한 스물두 살의 청년 두 명은 평생 처음으로 먹어보는 랍스터를 배가 부르도록 먹고 호텔로 돌아왔다. 비싼 저녁이었지만 홈 클럽의 회원이 모든 경비를 지원하기로 약속했으므로 돈 걱정은 하지 않았다. 잠자리에 든 하겐은 배가 아파지는 것을 느꼈는데 점점 심해지더니 참을 수 없을 만큼 악화되었다. 친구가 호텔 의사에게 전화해서 식중독 약을 구해 먹었지만 상태는 점점 악화되었다. 훗날 확인하기로는 과식으로 인한 급체였다. 다음날 36홀 경기에 출전한다는 것은 불가능해 보였는데 아침에 의사가 준 우유와 아스피린을 먹고 어쨌든 티오프 시간에 맞춰서 골프장으로 갔다. 회원들이 지원해 준 돈을 많이 썼는데 시작도 못 해보고 돌아갈 수는 없었던 것이다.

하겐에게는 1번 홀부터가 문제였다. 티샷으로 연못을 넘겨야 하는데 도저히 넘길 자신이 없었다. 혼신의 힘을 다해 휘두른 티샷이 다행히 물을 간신히 넘어 러프에 멈췄다. 그런데 러프에서 우드로 친 두 번째 샷이 그린 근처까지 굴러가더니 파로 마무리할 수 있었다. 그 이후 하겐의 샷은 방향을 잃고 오른쪽, 왼쪽 러프에 떨어졌지만 위기 때마다 묘기 같은 세이브 샷이 나왔고 신기의 퍼팅이 이어져 거의 모든 홀을 원 퍼트로 마무리했다. 하겐은 68타로 코스레코드를 세우며 선두에 나섰고, 오후 라운드가 시작될 때는 컨디션이 좋아졌다. 그러자 오히려 힘이 들어가기 시작했고, 오후의 2라운드 스코어는 오히려 74타로 훨씬 나빴다. 다음 날 3, 4라운드에서 75타, 73타를 친 하겐은 총 290타로 그의 첫 번째 메이저 대회 우승을 했고, 생애 통산 메이저 11승을 달성했다.

이처럼 골프라는 스포츠에서는 몸이 아프거나 컨디션이 나빠도 스코어가 오히려 좋아지는 패러독스가 존재한다.

● 대타로 출전한 구즈와오픈 우승

　1972년 일본오픈 우승으로 1973년 마스터스 초대장을 받은 한장상은 세계 최고 수준의 메이저 대회에 출전한다는 흥분감과 기대감으로 4월을 기다렸다. 처음 가보는 코스이므로 충분히 일찍 도착해서 연습라운드도 하고, 컨디션을 조절한다는 계획을 세웠다. 그런데 갑자기 변수가 생겼다. 마스터스 바로 일주일 전에 일본에서 열리는 구즈와 국제오픈에 참가하게 된 것이다.

　한장상이 일본에 진출하면서 사귄 선수 중 나카무라 도라키치라는 선배가 있는데 일본 선수들 사이에 신망이 두텁고 영향력이 큰 인물이었다. 한장상을 잘 챙겨 주기도 해서 의지하며 따르는 선배이기도 했다. 그런데 구즈와오픈에 출전하려던 나카무라에게 급한 사정이 생겨 출전이 불가능해지자 자기 대신 한장상이 나가도록 주최 측과 합의했다는 연락이 왔다. 나카무라가 출전할 수 있도록 배려해 준 것이라 마스터스 때문에 못 나간다는 말을 하기도 어려웠다.

　구즈와오픈은 3라운드짜리 대회였다. 한장상은 2라운드까지 20위권이었는데 3라운드에서 강풍이 부는 어려운 날씨 속에서도 66타를 쳐 클럽하우스 리더가 되었다. 말이 클럽하우스 리더이지 한장상 뒤로 20명이 넘는 선수들이 아직 플레이하고 있었다. 그러나 강풍 때문에 선수들의 스코어가 뒤로 갈수록 나빠지자 클럽하우스에서 함께 식사하던 동료 선수들이 집에 가지 말고 기다려 보라고 농담 섞인 말을 했다. 마지막 조가 끝날 때까지 한 시간 이상 기다리던 한장상은 호주의 그레이엄 마쉬가 17번 홀에서 보기를 하면서 공동 선두가 되어 연장전에 나가게 되었다. 마쉬는 1972년 한국오픈에서 3라운드까지 한장상과 공동 선두에 나섰다가 마지막 라운드에서 역전패했던 선수여서 서로가 잘 알고 있는 사이였다.

　연장전 첫 홀은 600야드가 넘는 파 5홀에서 진행되었는데 맞바람이 심해서 훨씬 더 길게 플레이되는 홀이었다. 마쉬는 한장상보다 티샷을 30야드나 더 길게 쳤지만 세컨드 샷으로도 그린 근처까지 갈 수가 없었다. 한장상이 먼저 페어웨이의 150야드 지점으로 끊어갔고, 마쉬는 120야드쯤에 레이업 했다. 한장상은 맞바람이 부는 상황에서 낮은 탄도로 자신 있게 칠 수 있는 아이언샷을 가지고 있었으므로 5번 아이언으로 쉽게 온 그린 해놓고 마쉬의 샷을 지켜보고 있었다. 벙커 바로 뒤의 깃대를 바라보며 7번과 8번을 꺼내서 망설이던 마쉬는 공격적으로 쳐서 승부를 내고 싶었는지 8번 아이언으로 높은 샷을 쳤는데 맞바람을 이기지 못한 볼이 벙커에 박혀 에그플라이 라이가 되고 말았다. 마쉬는 어려운 벙커샷을 파로 연결시키지 못했고 한장상은 투 퍼트로 파를 하며 우승을 차지했다.

지각으로 시작한 1973년 마스터스 대회

　구즈와오픈 우승 후 마스터스를 위해 비행기를 타려 했지만 응원 온 한국 사람들이 우승 축하주를 먹어야 한다며 한장상을 놓아주지 않았고, 우연한 출전에 우승까지 한 한장상도 마음이 들떠서 그들과 오랜 시간 술자리를 벌였다. 마스터스로 출발하는 일정은 이렇게 하루하루 늦어졌고, 설상가상으로 시카고에서 갈아타는 비행기까지 놓친 한장상은 결국 현지 시간 화요일 새벽 1시가 넘어서야 오거스타 공항에 도착할 수 있었다.

　일본을 떠날 때 오거스타 공항에서 픽업해 주는 사람이 나올 것이라고 들었지만, 새벽까지 기다려 줄지 걱정하며 게이트를 나오는데 "한장상 프로님!" 하며 한국말이 들려왔다. 마중을 나온 사람은 한국 교포 빌리 홍과 미국인 한 명이었는데 두 사람 다 마스터스가 지정한 자원봉사자였다. 빌리 홍은 사우스캐롤라이나에서 태권도장을 운영하며 성공해서 골프광이 되었는데 한장상이 출전한다는 소식을 듣고 마스터스에 몇 번이나 편지를 보내 한장상 담당 자원봉사자로 지명받았다고 했다. 또 빌리 홍은 벤 호건에게 20통이 넘는 편지를 보내 면담을 신청했고, 그의 정성에 감탄한 호건이 텍사스로 초대하여 골프클럽 한 세트를 선물로 받아오기도 했다. 덕분에 무사히 호텔에 도착하니 새벽 3시가 다 되었다. 어렵기로 소문난 오거스타 내셔널 코스에서 처음으로 시합을 하는데 대회 이틀 전 새벽에 겨우 도착한 한장상에게 좋은 성적을 기대하는 것은 무리였다.

호텔에서 세 시간쯤 눈을 붙인 후 연습라운드를 위해 빌리 홍과 함께 오거스타 내셔널 골프클럽으로 향했다. 정문을 통과하려는데 목에 걸려있는 카메라를 맡기고 들어가라며 제지당했다. 아무리 플레이어라도 카메라를 소지할 수 없으며 사진은 특별히 허가된 배지를 부착한 사람만 찍을 수 있다는 설명이었다. 차를 주차하고 라커 룸으로 갔는데 배정된 라커에 한장상의 이름이 크게 붙어 있는 것을 보면서 메이저 대회는 역시 다르다는 생각을 했다. 간단히 골프화만 갈아 신고 연습장 한쪽 구석에 있는 캐디마스터를 찾아갔다. 자기에게 배정된 캐디를 찾기 위해서였다. 마스터스는 "플레이어는 백인이고 캐디는 흑인이다."라는 말이 있을 정도로 모든 플레이어에게 흑인 캐디를 준비해줬는데, 1984년 마스터스부터 플레이어가 자기 캐디와 동행하는 것이 허용되었다. 한장상의 캐디는 키가 190센티미터는 돼 보이는 거인이었는데, 자기의 보스 한장상에게 싹싹하게 인사하며 골프백을 어깨에 멨다. 체격이 큰 만큼 무거운 골프백을 가볍게 다루는 모습이 놀라웠다.

오거스타 내셔널의 연습장은 세계 최고의 시설이었는데 마음이 급한 한장상은 연습 볼을 치지도 않고 1번 티로 향했다. 사실 연습장에서 샷을 하며 잔디의 특성을 알아보고, 쇼트게임을 위해 그린 근처에서는 볼이 어떤 라이에 서는지를 파악해서 스핀 조절을 해봐야 하고, 벙커에서는 모래의 무게를 익히면서 벙커샷을 준비해야 했지만, 한장상은 이런 연습 과정을 전부 생략할 정도로 마음이 다급했다.

마스터스 연습라운드 전반 9홀
– 20야드만 더 길었다면

　화요일 오전 9시쯤 1번 티에 도착했는데 연습하는 선수가 한 명도 안 보였다. 다른 선수들은 이미 연습라운드를 끝내고 화요일은 쉬면서 컨디션을 조절하고 있었던 것이다. 아무도 없는 1번 홀 티 박스에 서니 페어웨이 오른쪽의 벙커가 눈에 들어왔다. 캐디는 한장상의 샷 거리를 모르지만 작은 체격으로 미루어 짐작하여 드라이버를 꺼내 들며 벙커 왼쪽의 페어웨이를 가리켰다. 드라이버샷은 벙커에 못 미친 페어웨이에 멈췄는데 180~190야드쯤 남았다. 4번 아이언으로 한 세컨드 샷이 그린보다 짧은 에지에 멈췄고, 9번 아이언으로 굴려서 칩샷을 한 볼이 깃대 가까이에 멈춰서 파를 했다.

　한장상은 그린 주변의 쇼트게임을 대부분 9번 아이언 또는 피칭웨지로 낮게 굴려서 쳤으며 요즘 선수들이 거의 샌드웨지만 사용하는 모습을 이해할 수 없다고 말한다. 그도 샌드웨지를 사용하기는 하지만 9번 아이언 칩샷이 훨씬 쉽고 확률이 높다고 생각하기 때문이다. 파를 본 캐디는 한장상의 어깨를 치면서 잘 쳤다고 칭찬해 주었다. 당시 1번 홀을 끝낸 한장상은 코스가 너무나 깨끗하고 잔디 상태가 완벽해서 살짝 주눅이 들 정도였다고 회고한다.

2번 홀의 티 박스에 올라가 보니 오른쪽에 큰 벙커가 있는 내리막 파 5홀이었다. 캐디가 드라이버샷의 거리를 물어서 270야드라고 답해 준 후 티샷을 했는데 벙커 왼쪽 페어웨이에 잘 멈췄다. 한장상은 우드 3, 4, 5번을 모두 가지고 있었는데 평소 자신 있게 치는 4번 우드로 세컨드 샷을 했더니 그린 앞 40야드까지 갔다. 옆으로 긴 그린의 오른쪽에 홀이 있었는데 캐디가 왼쪽으로 치면 오른쪽으로 내려온다는 정보를 주었다. 단어 몇 개와 몸짓만으로도 충분히 의사소통이 되었다. 가벼운 피치샷으로 3미터를 지나갔는데 투 퍼트 파를 하자 캐디는 흰 이를 드러내며 환하게 웃어 주었다.

3번 홀은 그린이 안 보이는 짧은 오르막 파 4홀인데 캐디가 다른 선수들은 드라이버를 잘 안 친다는 정보를 주며 클럽을 선택하라고 했다. 한장상은 드라이버를 친 후 4번 우드로 한 개를 더 쳐볼 수 없냐고 캐디에게 물었다. 마스터스에서는 연습 라운드 때 두 개의 볼을 치지 못하게 되어 있지만, 아무도 없는 곳이라 쳐보라고 해서 다시 쳤더니 그 볼이 그린 80~90야드 앞까지 갔다. 시합 때는 4번 우드로 티샷을 하겠다고 생각하며 세컨드 샷을 피칭 웨지로 컨트롤 샷을 했는데 살짝 당겨지면서 그린 왼쪽을 넘어서 에이프런(apron)에 멈췄다. 그린 오른쪽에 있는 깃발을 향해 9번 아이언으로 칩샷을 했는데 홀을 지나가서 2.5미터 정도의 내리막 퍼트를 남겼다. 마스터스의 그린은 역시 빠르고 까다로웠다. 한장상이 정확히 읽지 못한 경사가 감춰져 있어서 파 퍼트에 실패하고 보기를 했다.

4번 홀은 긴 파 3였는데, 거리도 길지만 그린을 수비하는 큰 벙커가 양쪽에 있어서 무척 어려워 보였다. 캐디는 드라이버나 3번 우드를 치라고 했고, 3번 우드를 잡았더니 그린보다 10야드는 짧았다. 다시 9번 아이언으로 칩샷을 잘해서 파를 잡았다. 한장상은 눈부시게 새하얀 모래의 벙커에 들어가서 연습 샷을 해 보았다. 벙커샷의 달인이나 다름없는 한장상은 모래의 무게가 예상보다 가볍다는 것을 파악하고 다음 홀로 향했다.

5번 홀 긴 파 4에 도착해서 보니 한눈에 보아도 무척 어려운 홀 같이 보여서 파만 하면 되겠다고 생각했다. 왼쪽 벙커를 피해서 드라이버샷을 잘 치고 4번 우드로 끊어간다는 계획으로 쳐서 잘 맞았는데 그린에서 30야드나 짧았다. 샌드웨지로 2미터에 붙였고 보기를 했지만 만족하며 다음 홀로 향했다.

6번 홀은 파 3인데 5번 아이언으로 그린에 잘 올려서 파를 했다. 한장상은 긴장감이 조금씩 풀리고 주눅 들었던 마음도 누그러지면서 어느 정도 자신감을 되찾았다.

7번 홀은 똑바로 뻗은 파 4였는데 약간 오르막에 보이는 그린 주변 벙커가 위협적으로 보였다. 드라이버샷이 잘 맞았는데 가보니까 쇼트 아이언 거리가 남았다. 홀보다 3미터쯤 짧아서 오르막 버디 퍼트를 남겼는데 퍼트에 실패하며 파를 했다.

8번 홀 파 5에서 드라이버를 잘 치고 4번 우드도 잘 맞았더니 그린 10야드 앞까지 갔다. 그래도 백핀이라서 아직 40~50 야드가 남았는데 피칭 웨지로 구르는 칩샷을 하여 2미터에 붙여서 첫 버디를 잡아냈다. 캐디가 엄지손가락을 세워 칭찬하면서 다가와 어깨를 쳐 주었다.

9번 홀 파 4의 티 박스에 섰더니 티샷이 어려워 보였는데 걱정했던 대로 잘 맞은 드라이버샷이 언덕을 내려가지 못하고 중간에 내리막 라이에 걸렸다. 언덕 위에 있는 그린으로 탄도 높은 샷을 해야 하는데 5번이나 6번 아이언으로 쳐야 하는 한장상에게는 보통 9번 아이언을 쓰는 미국 선수들보다 크게 불리한 홀이었다. 세컨드 샷이 그린 우측 에지에 갔지만 피칭 웨지 칩샷으로 붙여서 파를 했다. 전반 9홀을 끝낸 후 한장상은 자기의 티샷이 20야드만 더 나가면 우승도 할 수 있겠다는 생각을 하면서 거리의 부족함을 한탄했다.

마스터스 연습라운드 후반 9홀
– 그래도 해볼 만하다

한장상은 쉬지 않고 바로 10번 홀 파 4로 가서 티샷을 하고 언덕을 내려가는데 그린에서 선수 두 명이 퍼팅을 하는 모습이 보였다. 한장상이 볼에 도착해서 세컨드 샷을 준비하며 앞 조가 빠지기를 기다리는데 그린에 있던 선수들이 옆으로 비켜서면서 샷을 하라는 신호를 보내왔다. 6번 아이언으로 그린에 잘 올려놓고 걸어가는데 한 선수가 한장상을 알아보고 뛰어오더니 반갑다며 껴안고 인사를 했다. 그는 리 트레비노(Lee Buck Trevino)였다.

한장상보다 한 살 아래인 멕시코 출신의 트레비노는 월드컵에서 몇 번 만났던 선수이고 사교성이 좋아서 꽤 친밀감이 있는 선수였는데, 그를 만나자 한장상도 친한 친구를 조우한 것처럼 마음이 든든해졌다. 당시 트레비노는 이미 메이저 대회 3승을 포함해서 PGA 투어 17승을 올린 세계적인 선수였고, 은퇴 전까지 메이저 6승을 포함 PGA 투어 29승을 달성한 골프 영웅이다. 잭 니클라우스의 최대 라이벌이기도 했다.

그런 트레비노도 마스터스 대회와는 악연이 있었는데 1968년, 1969년 마스터스에 출전했던 트레비노는 코스 디자인이 페이드를 치는 자기의 구질과 맞지 않고 대회의 분위기도 좋지 않다고 불평하면서 1970년, 1971년 대회에는 초대장을 받고도 참가를 거부했다. 1972년부터 다시 참가한 트레비노는 오거스타 내셔널 코스를 구석구석 잘 알고 있어서 한장상과 함께 연습라운드를 하는 동안 큰 도움을 주었다.

어려운 11번 홀 파 4에서도 트레비노가 티샷의 방향을 잡아 줬고, 세컨드 샷은 우드 4번으로 물을 피해 그린 오른쪽 에지로 갔다. 9번 아이언으로 칩샷한 볼이 홀을 3미터나 지나가서 보기를 했는데 물 쪽으로 구르는 볼의 스피드가 정말 빨랐다.

마스터스의 시그니처 홀이라고 할 수 있는 12번 홀 파 3에 도착해서 보니 소문처럼 어려워 보이지는 않았다. 트레비노가 9번 아이언으로 온 그린 한 후에 한장상에게 7번이나 8번을 치는 것이 좋겠다고 조언했다. 7번 아이언으로 쳤더니 그린을 살짝 지나가서 멈췄는데 8번 아이언을 한 번 더 치라고 권유했다. 8번 아이언은 약간 짧게 온 그린 되었다. 트레비노는 하늘을 가리키며 바람이 돌고 있으니까 시합 때는 바람을 자세하게 관찰한 후 클럽을 선택하라고 조언했다.

13번 홀 파 5는 보통은 투 온에 버디를 할 수 있는 홀인데 한장상이 투 온을 하기는 쉽지 않았다. 왼쪽 페어웨이를 보고 페이드를 친 티샷이 오른쪽 소나무 숲 앞에 멈췄고 4번 아이언으로 개울 앞에 끊어 간 후 샌드웨지로 2미터에 붙여서 버디를 했다.

약간 오르막 홀인 14번 파 4에서는 티샷으로 페어웨이를 지킨 후 7번 아이언으로 온 그린 하여 투 퍼트로 파가 되었다. 시합 때도 티샷만 잘하면 무난히 파를 할 수 있을 것 같았다.

15번 홀 파 5도 미국의 장타자들은 세컨드 샷으로 연못을 넘겨서 2온으로 버디를 하는 홀이지만 한장상은 4번 아이언으로 연못 앞으로 끊어 갔는데 홀까지 80~90야드가 남았다. 피칭웨지로 친 어프로치샷이 홀을 5미터쯤 지나갔는데 연못을 향해서 치는 빠른 내리막 퍼팅이 두려워서 조심스러웠지만 2퍼트 파가 되었다.

연못을 넘기는 16번 홀 파 3에서 트레비노가 6번 아이언이면 될 것이라고 조언했고 6번 아이언으로 페이드샷을 친 한장상의 볼은 그린 뒤쪽에 온 그린 되었다. 투 퍼트 파로 마무리한 후 그린을 바라보며 시합에서 잘 칠 수 있겠다는 자신감을 가졌다.

17번 홀 파 4는 14번 홀처럼 티샷만 잘 치면 간단히 해결되는 홀이었다. 한장상은 7번 아이언으로 투 온에 성공한 후 파로 끝냈다.

18번 홀은 난도가 있는 오르막 파 4인데 티 박스에서 보니 왼쪽의 벙커를 피해서 페어웨이로 가기가 까다로운 티샷을 해야 했다. 왼쪽 벙커를 보고 페이드를 친 한장상의 티샷은 페어웨이로 잘 갔고 4번 아이언 세컨드 샷이 그린에 올라갔는데 트레비노가 다가오더니 시합 때는 무조건 벙커를 피해야 하니 세컨드 샷을 5번 우드로 치는 것이 좋겠다고 제안했다. 투 퍼트를 하여 파로 끝낸 한장상은 걱정했던 것보다는 한번 해볼 만하다는 자신감을 가지고 연습라운드를 끝냈다. 부디 잘 쳐서 상금을 많이 벌어가라고 덕담을 해준 트레비노와 허그한 후 헤어졌다.

연습라운드가 끝나고 나니 배가 무척 고파져서 빌리 홍과 함께 마스터스의 명물 샌드위치로 허기를 채웠다. 연습 볼을 칠 기운이 남지 않았던 한장상은 호텔로 돌아가서 휴식을 취했다.

수요일의 파 3 콘테스트

마스터스에서는 시합 전날인 수요일에 참가 선수들이 함께 즐기면서 팬들에게 서비스하는 파 3 9홀 대회가 열린다. 연습장에 도착했더니 레인지에 자기의 이름을 쓴 자리가 있고 새 볼이 피라미드처럼 쌓여 있는 것이 인상적이었다. 지금은 많은 큰 대회에서 비슷한 서비스를 하지만, 당시에는 일본 대회에서도 연습 볼을 사서 치는 것이 보통이었다. 연습 볼을 한 박스 치고 벙커샷과 칩샷을 10개씩 쳐본 후 시간 맞춰서 시합장으로 갔는데, 한장상을 기다리고 있는 선수는 다름 아닌 치치 로드리게스였다. 월드컵 때 몇 번 함께 친 경험이 있어서 친구처럼 친해진 치치 로드리게스는 한장상보다 세 살 위이고 체격도 비슷했다. 푸에르토리코에서 가난한 농부의 아들로 태어나 캐디를 하며 골프를 배운 후 미국 PGA 투어에 진출하여 은퇴 전까지 8승을 기록했다. 그린에서 어려운 퍼트를 성공시키면 퍼터 헤드를 잡고 펜싱 칼을 휘두르는 것 같은 큰 동작을 몇 번

한 후 허리 옆의 칼집에 넣는 듯한 재미있는 퍼포먼스를 보여주어 많은 골프 팬이 좋아했고 다른 선수와도 유난히 친화적이어서 인기가 많은 선수였다.

치치는 한장상에게 허그를 해주며 반가움을 표시했고, 한장상도 오랜 친구를 만난 것처럼 마음이 편해졌다. 치치가 파 3 콘테스트의 파트너 선수로 한장상을 요청했다는 이야기를 들으니 더 고마웠다. 치치는 먼저 지난주에 열렸던 PGA 투어 그린스보로오픈의 4라운드에서 66타를 치며 역전 우승하고 왔다고 자랑을 늘어놓았다. 시합 중간에 갤러리에게 45도로 훅을 내서 그린에 올리겠다는 예고를 하고 쳤는데 볼이 덜 휘어져 물에 빠지는 해프닝도 보여주면서 갤러리를 즐겁게 해주는 쇼맨십을 보여주었다. 한장상은 파 3 콘테스트가 끝난 후 18홀 연습라운드를 한 번 더 돌고 나서야 호텔로 돌아갔다.

● 마스터스 첫 라운드 – 아직 희망이 있다

1973년 4월 5일 목요일 마스터스 1라운드가 시작되는 날 아침, 연습장에서 볼을 치고 있는데 아놀드 파머가 지나가다가 처음 보는 한장상에게 다가와 인사를 건넸다. 그때 한장상은 바람을 피해서 나갈 수 있는 2번 아이언샷을 연습 중이었는데 샷이 뻗지 않고 빨리 떨어져서 볼이 굴러갔다. 평소 한장상의 구질이라면 낮은 탄도로 빨랫줄처럼 뻗어 나가야 하는데 셋업이나 스윙에 뭔지 모를 문제가 있었다. 그의 샷을 몇 개 더 지켜보던 아놀드 파머가 다가오더니 볼을 왼발 쪽으로 조금 옮기고 스윙을 위로 올려 치는 어퍼블로의 느낌으로 쳐 보라고 했다. 한장상은 누구에게도 레슨을 받아보지 못했는데 위대한 파머가 직접 레슨을 해주니 너무나 고마웠다. 아놀드 파머는 1982년 한국을 방문했을 때 한장상과 다시 만나 함께 시범 라운드를 하는 등 인연을 이어갔는데, 10년 전 마스터스에서의 레슨을 상기시키며 다시 한번 감사하다는 말을 하자 파머는 골프를 사랑하는 동료로서 한마디 했을 뿐이라며 겸손해했다. 한장상은 파머의 높은 인격과 인간미에 감동을 받았다.

1라운드에서 한장상과 같은 조에서 플레이하게 된 선수는 허버트 그린(Hubert Myatt Green)과 JC 스니드(J. C. Snead)였다. 1번 홀의 티 박스에 올라서니 연습 때와는 전혀 분위기가 달랐다. 우선 인산인해의 관중이 홀을 빼곡하게 둘러싸고 있어서 훨씬 더 긴장되었다. 드라이버로 친 티샷이 역시나 잘 안 맞았는데 다행히 페어웨이 가운데 멈췄다. 4번 우드로 친 세컨드 샷은 그린을 넘어갔고 피칭 웨지로 한 칩샷이 홀을 지나가서 보기로 출발했다. 역시 마스터스의 위압감이 그를 압도하는 느낌이었다.

2번 홀 파 5에서는 티샷을 벙커 옆으로 잘 보낸 후 4번 우드로 그린 앞 20야드 지점에 가서 샌드웨지로 1.5미터에 붙여 버디를 했다. 캐디가 좋아서 어깨를 쳐주며 다음 홀로 이동했다.

3번 홀은 짧은 오르막 파 4, 연습라운드에서 생각했던 대로 4번 우드로 티샷해서 페어웨이로 잘 갔고 아이언으로 온 그린 했는데 좀 길어서 15미터쯤 되는 거리를 남겼다. 그린이 너무 빠르고 내리막 경사까지 있어서 두려운 마음으로 퍼팅했더니 3퍼트로 보기를 했다. 한장상의 마음은 크게 위축되었다.

4번 홀 파 3에서 3번 우드로 티샷을 했는데 짧아서 그린 에지에 멈췄다. 3퍼트를 하며 이번 홀에서도 보기를 했다.

5번 홀 파 4는 이번 대회에서 가장 어려운 홀 중 하나였는데, 우선 한장상의 거리로는 투 온이 어려운 홀이어서 또 보기를 했다. 5번 홀까지 벌써 3오버파가 된 그의 마음은 점점 더 초조해졌다.

다행히 6, 7, 8번 홀에서 연속 파를 하면서 조금 안정을 찾은 후 9번 홀에 도착했다. 티샷을 잘 쳤지만 이번에도 연습라운드처럼 내리막 라이에서 언덕 위의 그린을 향해 세컨드 샷을 해야 했다. 6번 아이언샷이 그린 에지에 멈췄고 칩샷을 잘 붙여 파를 했다. 9홀에 3오버였는데 좋은 성적은 아니지만 후반에 잘 치면 된다는 희망이 아직 남아 있었다.

10번 홀에서 세컨드 샷에 5번 아이언으로 온 그린 한 후 파를 잡고 아멘 코너(Amen corner: 마스터스의 명물 홀. 코스가 너무 어려워 선수들의 입에서 '아멘!' 하는 탄식이 절로 나온다는 뜻에서 붙여졌다)의 첫 홀인 11번 홀에 도착했다. 어려운 홀을 어떻게 해서든 파로 지나가자는 목표로 티샷하고 4번 우드로 목표 지점인 그린 오른쪽으로 잘 갔는데 칩샷이 길어 결국 보기를 했다.

12번 홀에서 8번 아이언으로 온 그린 해서 투 퍼트 파를 하고 기회의 홀인 13번 파 5로 갔다. 하지만 티샷에 힘이 들어가서 페이드가 심하게 걸렸고, 오른쪽 소나무 숲 앞에 짧게 떨어졌다. 세컨드에 4번 우드를 쳤지만 아직도 그린에서 80~90야드가 남은 상태였다. 피칭 웨지로 5미터쯤 붙여서 파를 했다.

14번 홀 파 4에서는 세컨드 샷으로 2미터 이내에 붙인 버디 찬스였는데 퍼트에 실패하여 파가 되었다. 버디의 희망을 가지고 15번 홀 파 5에 갔는데 피칭 웨지로 연못을 넘긴 세 번째 샷이 5미터쯤 길어서 파를 했고 16, 17번 홀도 쉽게 파로 지나갔다.

마지막 홀에서 파만 하면 괜찮겠다고 생각했는데 4번 아이언으로 친 세컨드 샷이 그린을 살짝 넘어가 에지에 멈췄다. 홀은 중간 앞쪽이었는데 내리막 퍼트를 3퍼트 하여 보기가 되었다.

이렇게 첫 라운드를 77타로 끝마쳤다. 첫 출전인 데다 늦게 도착하여 연습도 제대로 못한 사정을 생각하면 나쁘지 않은 결과였다. 한장상은 내일 더 잘 칠 수 있겠다는 생각으로 연습을 하고 싶었지만, 피로를 견딜 수 없어서 호텔로 돌아갔다.

● 마스터스 둘째 라운드 – 컷 탈락했지만 좋은 경험

코스에 도착한 한장상은 연습 볼을 한 박스 치고 1번 티로 갔다. 다행히 어제의 첫 라운드보다는 덜 긴장되었다. 1, 2, 3번 홀을 파로 출발하면서 자신감이 살아난 한장상은 어려운 파 3 인 4번 홀에 도착했다. 연습라운드 때부터 티샷을 한 번도 그린에 올리지 못했으므로 이번에는 드라이버를 잡았다. 잘 맞았는데 약간 당겨져서 그린 왼쪽 에지에 멈췄지만 거리는 괜찮았다. 9번 아이언으로 칩샷을 해 이번 홀에 처음으로 파를 했다.

5번 홀은 한장상의 거리로는 극복이 어려워서 3온에 보기를 했고, 6번 홀 파 3에서는 5번 아이언으로 온 그린 하여 파를 했는데, 7번 홀에서 위험한 상황이 나왔다. 티샷을 잘 쳤는데 오르막 그린 어프로치샷이 길어서 조금 넘어갔고, 칩샷이 좋지 않아서 꽤 긴 퍼트를 남겼지만 다행히 성공시켜서 파로 막았다.

마스터스에서는 파 5홀이 쉬운 편이라서 버디를 해야 하는데 8번 홀 파 5에서 기회가 찾아왔다. 잘 친 드라이버샷이 페어웨이에 멈췄고, 3번 우드로 친 세컨드 샷이 거의 그린에 올라갈 정도로 바짝 갔고, 9번 아이언으로 굴린 칩샷이 1미터에 붙어 버디에 성공했다. 드라이버의 거리가 짧은 것을 한탄하게 만든 9번 홀에서는 티샷이 또다시 내리막 경사에 걸렸는데 이번에는 5번 아이언으로 온 그린을 해서 투 퍼트 파가 됐다. 전반 9홀을 이븐파 36타로 끝낸 한장상은 만족스러웠고 캐디의 사기도 무척 올라가 있었다.

자신감이 생긴 한장상의 샷이 점점 날카로워지면서 10번 홀을 투 온 하여 파로 끝내고 아멘 코스로 향했다. 연습라운드부터 파를 못했던 11번 홀에서 세컨드 샷을 4번 우드로 그린 오른쪽 에지까지 보낸 후 피칭 웨지로 1.5미터 정도 붙인 것을 퍼트로 성공시켜 결국 파를 해냈다.

12번 홀 파 3에 도착해서 보니 어제보다 바람이 세다고 판단해서 한 클럽 길게 7번 아이언을 잡고 커트샷을 쳤다. 약간 페이드가 난 볼이 그린 위에 사뿐하게 멈추자 뒤편의 갤러리에서 큰 함성과 박수가 나왔다. 투 퍼트로 가볍게 파를 하면서 그 홀이 명성처럼 어렵지는 않다고 느꼈다.

이제 한장상은 긴장감이 풀려가면서 컷을 통과할 수 있겠다는 자신감이 생기기 시작했다. 13번 홀 파 5에서는 페이드가 걸린 티샷이 페어웨이 한가운데에 떨어졌고 5번 아이언으로 개울 앞 60야드 지점으로 끊어갔다. 샌드웨지로 자신 있게 친 세 번째 샷이 홀을 2미터쯤 지나가서 까다로운 내리막 퍼트가 남았는데 절호의 버디 찬스에서 퍼트를 실패해서 파가 되었다.

14번 홀에서 투 온으로 파를 한 후 마지막 파 5홀이며 버디 찬스가 있는 15번 홀에 도착했다. 티샷을 페어웨이 한가운데로 잘 친 후 4번 아이언으로 연못을 피해 그린 앞 70~80야드까지 레이업 했다. 핀을 보고 공격적으로 치려면 샌드웨지를 쳐야 하는데 물이 겁난 한장상은 피칭 웨지로 홀을 지나가게 치고 투 퍼트를 해서 파가 됐다.

15번 홀까지 이븐파로 잘 나가고 있었으므로 16번 홀 파 3로 이동하면서 이제 컷은 통과했다고 생각했는데 연습라운드부터 계속 파를 잡았던 16번 홀이 그에게 불행을 가져올 줄은 상상조차 하지 못했다. 순간의 방심이 가져온 결과였다. 먼저 5번 아이언으로 페이드를 쳐서 그린에 잘 올라간 것을 확인하고 이동하는데 갤러리가 웅성대기 시작하더니 앞서가던 허버트 그린이 멈춰 서서 그린을 바라봤다. 경사에 멈췄던 한장상의 볼이 뒤로 구르기 시작하더니 물에 빠진 것이다. 구제 구역으로 가서 등 뒤로 드롭한 볼이 좋지 않은 라이에 멈춰서 스핀을 거는 기술을 쓰기 어려웠다. 샌드웨지로 찍어 올린 볼은 홀에서 3미터쯤 지나가서 멈췄고 투 퍼트를 하여 더블 보기가 되었다. 5오버파였던 스코어는 순식간에 7오버파가 되었다.

그러나 아직 희망은 있었다. 마스터스에서는 선두와 10타 차까지 컷을 통과하는데, 선두였던 토미 애런(Tommy Dean Aaron)이 3언더파였다. 나머지 두 홀을 파로 막아야 한다는 엄청난 압박감과 긴장감이 몰려왔다. 17번 홀은 투 온 투 퍼트로 무난히 파를 했지만 18번 홀이 문제였다. 어제 1라운드에서 보기를 했던 것이 생각나면서 점점 더 긴장되었다. 티샷에 힘이 좀 들어갔지만 페어웨이 가운데로 잘 갔는데 5번 아이언으로 친 세컨드 샷이 그린 앞 벙커에 빠졌다. 4번 아이언을 치든지 아니면 리 트레비노의 조언대로 5번 우드로 커트샷을 하여 일단 그린에 올려놓아야 했다. 벙커샷에는 어느 정도 자신감이 있어서 크게 실망하지는 않았는데 혼신의 샷이 홀을 3미터나 지나가서 멈췄다. 약간 내리막인 그 퍼트를 넣지 못하고 보기가 된 한장상은 컷을 통과하지 못한 사실을 확인하면서 망연자실했다. 결과는 8오버파로 한 타가 모자랐다.

비로 인해 3라운드가 취소되고 월요일에 마지막 라운드가 진행되었다. 우승자는 5언더파 283타를 친 애런이었고, 함께 라운드했던 JC 스니드가 한 타 차 2위였다. 일본의 점보 오자키는 두 번째 마스터스 출전이었는데 8위를 해서 그의 19회 출전 중 최고의 성적을 올렸다.

세계 최고 수준과 대등했던 기량

1973년 마스터스에는 82명이 참가하여 기량을 겨루었으며 컷을 통과한 선수는 57명이었다. 한장상은 공동 58위였는데 그 성적은 놀랄만한 성과였다. 미국 PGA 투어와 유럽 그리고 전 세계에서 마스터스에 초대를 받은 모두가 세계 최고 수준의 선수들이었고, 한장상은 그들과 대등한 경기력을 보여주면서 일본오픈을 제패한 것이 우연이 아님을 증명했다.

한장상은 어려운 여건 속에서도 눈부신 활약을 하며 천재성을 입증했지만, 돌아보면 후회스러운 일이 많았다. 당장 1973년 마스터스에서도 며칠만 일찍 도착했으면 성적이 훨씬 좋았을 것이다. 바로 전 일본에서의 우승이 후회되느냐고 물었더니 한장상은 그 우승으로 받은 상금이 너무 중요해서 후회하지는 않는다고 답했다. 컷을 통과했다면 꼴찌가 받는 상금은 1,600달러였는데 당시 한국오픈 전체 상금이 2,000달러였으므로 마스터스의 상금이 얼마나 컸는지 알 수 있다. 한장상은 컷 통과 상금이 그렇게 큰 줄은 전혀 몰랐다.

  그럼에도 마스터스에서 호텔과 비행기 표를 모두 지원했으므로 재정적 타격은 없었고, 큰물에서 놀아본 메이저 대회의 경험은 두고두고 큰 힘이 되었다. 이후로 한국이나 일본 대회가 어렵지 않게 느껴졌고, 그 자신감은 계속해서 좋은 성적으로 이어졌다. 한장상 이후 마스터스에 출전한 최초의 한국 선수는 최경주이며 무려 30년 후인 2003년의 일이다.

한국프로골프협회(KPGA) 설립

　한장상이 본격적으로 일본 투어에 참가하기 시작한 1966년, 프로골퍼 사이에서는 다른 스포츠 종목처럼 프로골프협회가 필요하다는 의견이 높아지고 있었다. 이미 1963년 연덕춘을 중심으로 설립된 프로골프회라는 친목 단체가 있어서 프로골퍼 자격 인정 절차와 프로가 지켜야 할 에티켓 등을 명문화해 놓았지만 공식적인 단체는 아니었기 때문이다.

　조용한 신사 같은 성격의 연덕춘은 프로골프협회 창설을 적극 추진하지 않았으므로 누군가 앞장서서 활동해야 했는데, 당시 최고의 골퍼로 인정받고 있던 한장상도 무언가 기여해야 한다는 의무감을 느끼고 있었다. 특히 박명출과 홍덕산이 한장상과 함께 적극적으로 추진했는데 서울컨트리클럽의 회원 중에서 가장 영향력이 있는 인물을 골라서 도움을 요청하는 것이 지름길이라는 사실을 누구나 공감하고 있었다. 그들이 이심전심 지목하고 있는 인물은 당시에 나는 새도 떨어뜨릴 수 있는 영향력을 가진 중앙정보부장 김형욱이었다.

1966년 어느 봄날에 육사 8기 동창이면서 최고 권력의 핵심이던 김형욱, 김종필, 길재호가 9홀을 끝내고 조그만 팔각정 쉼터에서 잠시 쉬고 있을 때 한장상과 홍덕산이 다가가 부동자세로 섰다. "무슨 일인가?" 김형욱이 물었다. 한장상은 협회 설립이 필요한 이유와 도와달라는 부탁의 말을 준비했는데 막상 김형욱 앞에 서니 기에 눌려서 말을 못 하고 숨만 거칠어졌다. 다행히 옆에 있던 김종필이 그를 도와주었다. "이 사람아, 할 말이 있으면 해봐." 김종필은 중앙정보부를 설립하여 초대 부장을 지냈고 훗날 국무총리에 올랐는데 김형욱과는 육사 8기 동창으로 골프를 자주 치며 좋은 관계를 유지하고 있었다. 한장상은 두서없이 외국대회에 출전하다 보니까 우리나라만 프로골프협회가 없으므로 어려운 점이 많아 협회 설립을 추진하고 있는데 김형욱이 도와주면 좋겠다고 말했다. 김형욱이 말없이 한장상을 노려보고 있는데 김종필이 다시 거들었다. "김 부장, 그까짓 것 간단히 도와주면 안 되나?" 그 말을 들은 김형욱은 문학림 중앙정보부장 비서실장에게 말해놓을 테니 한번 추진해보자는 말을 남기고 10번 홀로 갔다. 그 이후로도 연덕춘과 박명출은 계속 프로골프협회 설립을 위해 노력했다.

1968년 5월, 문학림이 서울컨트리클럽 회원이었던 재계인사 30명에게 점심 초대장을 보냈다. 식사 장소는 현재 소공동 롯데 호텔 자리에 있던 중국 식당 아서원이었다. 김형욱 중앙정보부장이 초대하는 점심을 거역할 인사는 없었으므로 해외 출장자 두세 명을 제외하고 전원 참석했다. 김형욱을 포함해서 총 45명 정도가 모인 자리에서 문학림이 한국프로골프협회(KPGA) 설립의 필요성을 설명했고, 연덕춘이 프로 대표로 부연 설명과 감사의 말을 했다. 이때 갑자기 김형욱이 "한장상도 한마디 하라우."라고 말했다. 이는 당시 프로 선수 중 최강자였던 한장상을 인정하는 것이었다. 준비가 안 된 한장상은 감사 인사를 했고, 한국프로골프 발전을 위해 노력하겠다고 말했다.

식사가 끝난 후 김형욱이 방명록을 꺼내 놓더니 참석자들에게 설립 기금을 기부하라고 요구했는데 최소 금액 100만 원이라는 말도 덧붙였다. 참석자들은 울며 겨자 먹기 식으로 이름을 쓰고 기부 금액을 적었는데, 총 2,070만 원이 모금되었다. 당시 2천만 원이면 서울 근교에 9홀 골프장을 만들 수 있는 큰 돈이었으니 설립 기금으로 충분했다. 김형욱의 파워를 실감할 수 있는 자리였다. 그때 그 돈으로 코스 부지라도 샀더라면 지금쯤 KPGA는 전용 코스를 가질 수 있었을 거라고 아쉬워하는 원로 프로들이 지금도 있다. 1968년 5월 17일, 드디어 KPGA가 발족하여 서울 퇴계로에 사무실을 열었고, 김형욱의 의견으로 초대 회장에 허정구 회장이 지명되었다. 김홍조는 초대 전무이사로 선임되었다. KPGA는 문교부에서 사단법인으로 정식 인가를 받은 11월 12일을 공식 창립기념일로 지정하고 있다.

창립총회에는 프로골퍼 12명이 참석했는데 대부분 연덕춘이 골라서 초대한 선수들이었다. 협회 설립에 전혀 관여하지 않았던 프로골퍼도 포함되었지만, 그 12명이 공식적인 창립 멤버이다. 그들은 회원 번호 1번 연덕춘으로 시작하여 2번 신봉식, 3번 박명출, 4번 배용산, 5번 김복만, 6번 한장상, 7번 한성재, 8번 김성윤, 9번 홍덕산, 10번 이일안, 11번 문기수, 12번 조태운이다.

두려운 존재, 중앙정보부장 김형욱

"유(You)가 한 프로요?" 한장상을 처음 만난 김형욱의 첫 마디는 무뚝뚝하고 카리스마가 넘쳤다. 김형욱은 1960년대 중반부터 1970년대 초까지 한국 골프에 가장 큰 영향력을 가진 인물이었다. 1968년 KPGA 설립에 결정적인 도움을 주었고, 1972년부터는 제4대 대한골프협회 회장을 지냈다. 그는 1963년 중앙정보부장으로 취임하기 전까지는 골프 문외한이었고 골프를 세상 물정 모르는 한가한 사람들이나 치는 스포츠라고 생각하여 골프채를 뺏는 일까지 있었지만, 취임 후 박정희 대통령이 골프에 대한 긍정적인 이야기를 자주 하자 자기도 골프를 배울 필요성을 느끼게 되었다. 김형욱은 중앙정보부 안에 인도어연습장을 설치해 놓고 김성윤 프로에게 레슨을 받으며 연습을 시작했다.

연습 기간에는 골프장에 나오지 않았던 김형욱은 7~8개월간의 연습을 끝낸 후 라운드를 시작했다. 매일 해가 뜨자마자 골프장에 도착해서 9홀을 치고 출근했는데, 당시 골프장에 가장 일찍 오는 사람이 김형욱이라는 말이 회자될 정도였다. 전반 9홀이 끝나면 드라이빙 레인지를 거쳐서 지나가게 되어 있었는데 연습 중인 한장상과 매일 아침 마주치게 되어 조금씩 대화하며 친해졌다. 매일 새벽 라운드를 하는 김형욱의 집중력은 일반인이 따라가기 어려울 정도였는데 한장상을 만나면 "내가 골프 연습하는 것만큼 공부했다면 박사가 됐을 거야." 하며 자기의 연습량을 과시하곤 했다.

김형욱의 위세는 대단해서 서울컨트리클럽에 드나드는 기업인과 정치인들도 그 앞에서는 꼼짝하지 못했다. 그는 장교 출신으로 힘이 세고 운동신경도 좋아서 드라이버샷을 230~240야드나 날리는 장타자였다. 한장상은 김형욱과 라운드를 몇 번같이 했지만 레슨을 하지는 않았다. 기업인과 내기 골프를 할 때면 한장상과 다른 프로들을 번갈아 불러서 심판을 보게 했다. 내기 골프에서 돈을 따는 사람은 언제나 김형욱이었는데 그에게는 실력 외에도 비장의 무기가 있었다. 바로 감각이 뛰어나고 능력이 있는 캐디였다. 김형욱의 볼이 숲으로 가면 캐디는 미리 준비했던 볼을 슬쩍 떨어뜨려서 알까기를 했고 수시로 볼을 발로 차서 좋은 라이로 옮기는 속임수를 썼지만, 방법이 교묘해서 다른 플레이어들은 전혀 알 수 없었다. 혹시 그들의 눈에 띈다 해도 누가 감히 정식으로 문제를 제기할 수 있었을까? 김형욱은 씀씀이도 커서 캐디피나 레슨비를 정가의 몇 배씩 주고는 했다. 프로의 레슨비가 한 라운드에 8,000원이었는데 김형욱은 3만 원이나 줬다. 쌀 한 가마의 가격이 1만 원도 안 될 때였으니 얼마나 많은 돈이었는지 상상할 수 있다. 결국 입문 2~3년 만에 싱글 핸디캡 골퍼가 되었으니, 그의 노력은 인정해 줘야 한다.

비운의 동료 김성윤 프로

    김형욱에게 처음 레슨을 했던 골퍼는 김성윤 프로였다. 한 장상과 가장 사이가 좋았던 김성윤은 KPGA의 창립 멤버 12명 중 한 명으로 회원 번호가 8번이었다. 김형욱이 중앙정보부 안에 실내 연습장을 만들고 연습을 시작할 때 불려 간 사람이 김성윤이었는데, 중앙정보부 촉탁 사원증을 만들어 줘서 당시에는 모두가 두려워하던 중앙정보부에 자유롭게 출입할 수 있게 해 주었다.

    김성윤의 집은 8번 홀 티 박스 뒤쪽에 있었는데 그의 집에서 연락이 왔다. 새벽에 중정 요원들이 들이닥치더니 조사할 것이 있다며 잠옷 차림의 김성윤을 검은색 지프에 태우고 갔다는 것이었다. 어디로 갔는지 모르겠지만 큰일이 난 것 같으니까 알아봐 달라고 부탁도 해 왔다. 한장상은 즉시 연덕춘에게 보고하고 평소에 알고 지내던 중앙정보부 국장을 찾아갔다. 사정을 이야기하자 국장은 어디론가 전화하여 알아본 후 자기의 손이

미치지 못하는 곳이니 돌아가서 기다리라고 했다. 며칠 후 김성윤이 집으로 돌아왔는데 허리와 폐에 심한 부상을 입고 입원까지 해야 했지만, 왜 그렇게 됐는지 전혀 이야기하지 않았다.

　나중에 알려진 사정 이야기는 이렇다. 김성윤이 중정 요원들과의 술자리에서 "내가 김형욱 부장에게 골프를 가르치는데…."라고 술김에 위세를 부렸다는 것이었다. 김형욱이 골프를 배우기 시작했다는 사실은 일급비밀인데 술좌석에서 발설하자 김형욱에게 보고되었고 그가 혼을 내주라는 지시를 내렸다. 김성윤은 중앙정보부로 연행되어 고초를 겪은 후 앞으로 서울컨트리클럽에 절대로 출입하지 않는다는 각서를 쓰고 집으로 돌아올 수 있었다. 프로골퍼에게 골프장 출입을 금지하는 것은 골프 선수의 생명이 끝나는 것이나 다름없었지만, 어쩔 수 없이 1년 이상 서울컨트리클럽에 들어오지 못했다.

　김형욱의 친구였던 김종필의 도움으로 겨우 출입 금지가 해제되었지만, 이때 입었던 부상으로 인해 김성윤은 선수로서 큰 빛을 보지 못했고, 건강 때문에 고생하다가 일찍 세상을 떠났다.

• 김형욱을 찾아간 한장상

　　한장상도 김형욱의 오해를 사서 크게 힘들어질 뻔한 위기
가 있었다. 1969년 제12회 한국오픈이 처음으로 안양CC에서
열렸는데, 이때 안양CC의 헤드프로는 한장상이었다. 대만 선
수가 우승을 차지하고 한장상은 3위에 그쳤는데 마지막 라운
드에서 68타로 코스레코드를 세운 이동출 프로의 스코어 조작
문제가 불거졌다. 대회가 끝난 후 캐디가 찾아와서 이동출의
스코어는 70타인데 68타로 속여서 스코어 카드를 제출했다고
밝힌 것이다. 자기의 홈 코스에서 일어난 사건이므로 한장상은
대한골프협회에 그 사실을 알렸고, 사실 확인 결과 이동출은
실격 처리되었다.

　　그러자 서울컨트리클럽에서 근무하던 이동출은 한장상과 사
이가 좋지 않았던 최재봉 전무이사를 내세워 그를 모략했다.
한장상이 잘못된 정보를 대한골프협회에 제공하여 악의적으로
이동출을 실격시켰다는 소문이 서울컨트리클럽에 퍼지기 시작

했다. 허정구 삼양통상 사장이 한장상에게 귀띔을 해줬는데, 김형욱이 그 소문을 듣고 화가 많이 났으니까 가만히 있지 말고 가서 직접 소명을 하라고 했다. 한장상은 자기도 김성윤처럼 중앙정보부에 끌려가서 고초를 당하는 것은 아닐까 크게 두려웠다.

한장상은 아침 일찍 김형욱이 살고 있는 성북구 삼선교 근처의 한옥을 찾아갔다. 출근 준비 중이던 김형욱은 한장상을 외면하며 만나주지 않고 그대로 출근해 버렸다. 두려움이 더 커진 한장상은 그날 저녁 집에 들어가지도 못했다. 김형욱의 지시로 김성윤처럼 새벽에 끌려가면 위기를 벗어날 방법이 없을 것 같았다. 다음 날 아침 다시 김형욱의 자택을 찾아간 한장상은 "부장님, 제 말씀을 한 번만 들어주십시오!"라고 애원했지만, 그를 가만히 노려보던 김형욱은 말없이 집으로 들어가 버렸다. 한장상의 두려움은 점점 커져서 몸이 부들부들 떨릴 지경이었다. 30분쯤 후 화난 얼굴로 나온 김형욱이 "사랑채로 들어와!"라고 소리 질렀다. 사랑채로 들어간 한장상은 너무 두려워서 아무 말도 못 하고 떨기만 했다. 김형욱이 비서에게 커피 두 잔을 가져오라는 지시를 하고 나서야 겨우 조금 안정이 되었다. "어떻게 된 건지 사실대로 이야기 하라우!" 북한 사투리를 쓰는 김형욱이 한장상을 노려보며 소리쳤다. 한장상은 시합

당일에 있었던 상황을 있는 그대로 상세하게 설명했고, 불미스러운 일이 생긴 것에 대해 이병철 회장도 화가 많이 났다는 이야기도 했다.

사실 김형욱은 5년 넘게 한장상의 사람 됨됨이를 보고 겪어서 그가 정직하다는 사실을 알고 있었다. 설명을 듣고 어느 정도 이해가 됐는지 분위기가 좀 나아지더니 "알았어, 내가 조사해 보면 다 나와."라고 말해주었다. 이후 약 20분 정도 서울컨트리클럽의 문제점에 대해서도 보고했다. "그래, 알았어. 골프 치다가 생긴 일이니까 더 이상 문제 삼지 않겠어. 돌아가 봐." 그제야 한장상의 마음이 환하게 밝아졌다. 이제 끌려가서 맞고 나올 일은 없을 것 같았다. 김형욱은 비서를 시켜서 골프채 한 세트를 가져오게 하더니 "이 골프채 한 프로가 써 봐. 공 열심히 쳐라!"라고 격려해 주었다. 그 이후 김형욱은 사건 내막을 상세히 조사하여 한장상의 말이 사실인 것을 확인했고 그를 더욱 신임하게 되었다.

한장상이 김형욱을 마지막으로 만난 것은 1970년 부에노스아이레스 월드컵에 이일안과 함께 출전했을 때였다. 남미를 여행 중이던 김형욱이 우연히 대회 소식을 듣고 시합장으로 찾아왔다. 몇 홀을 따라다니며 응원하던 김형욱은 스코어가 나쁜 이일안이 먼저 티샷을 하지 말고 한장상이 먼저 치는 것으로 순서를 바꿔보자는 제안을 건네기도 했다. 시합이 끝나고 귀국 길에 김형욱과 함께 멕시코를 관광하고 뉴욕으로 왔는데 김형욱의 아파트에서 하룻밤을 자고 온 것이 그와 보낸 마지막이다.

김형욱은 1969년 10월 중앙정보부장 자리에서 전격 경질되었는데 6년 3개월 동안 자리를 지켰던 최장수 중앙정보부장이었다. 1979년 10월 파리에서 실종되어 사망한 김형욱에 대한 역사적 평가가 어떻든 그가 한국 골프 발전에 크게 기여한 인물이라는 사실은 변하지 않을 것이다.

● 한장상을 남서울CC의 헤드프로로 영입한 허정구 회장

　허정구 회장은 LG그룹의 공동 창업자였던 허만정 회장의 장남이다. 이병철 회장과 함께 삼성그룹을 창업하였으며, 초대 삼성물산 사장을 지냈다. 1961년 삼성그룹에서 독립하여 삼양통상을 세우고 사장이 된 후 회사가 성장하면서 회장이 되었다. 허 회장은 한국 최초의 R&A(Royal and Ancient Golf Club of St. Andrews) 멤버가 되었을 정도로 골프에 정통한 인물이었으며 KPGA 초대 회장, 대한골프협회의 6, 7대 회장을 역임했다. 1959년 한국 아마추어선수권대회에서 준우승을 했을 정도로 골프 실력도 출중했다. 허 회장은 특히 퍼팅의 달인이었는데 초창기 프로 선수들에게 퍼팅에 관한 조언을 해줄 정도였다.

　허 회장에게는 세 명의 아들이 있는데 맏아들이 허남각 삼양통상 회장, 둘째가 허동수 GS 칼텍스 명예회장, 셋째가 허광수 삼양인터내셔널 회장이다. 그중 허광수는 아버지의 골프 사랑을 그대로 물려받아서 R&A의 멤버가 되었고, 제17, 18대 대한 골프협회 회장을 역임했다. 허광수는 고등학생 때 아이스하키 선수를 하면서 한장상에게 레슨을 받기도 했는데 한장상보다도 장타를 날리는 파워 골퍼였다. 1974년 한국 아마추어선수권대회에서 우승했고, 1982년 신한동해오픈에 출전하여 7위에 올랐을 정도로 프로 수준의 골프 실력을 발휘했으니 부전자전이라 할 만하다.

1969년 한장상이 안양CC 헤드프로를 사직하고 무적 선수로 활동하고 있을 당시, 남서울CC의 건설 공사가 한창 진행되고 있었다. 한장상은 수시로 허 회장의 부름을 받고 공사 현장으로 달려가 코스 디자인과 건설에 관해 조언했다. 14번 홀 파5 페어웨이의 드라이버샷이 떨어지는 거리 오른쪽에 큰 벙커를 만들어서 장타자가 쉽게 공격할 수 없도록 만든 것은 한장상의 아이디어였고, 마지막 홀을 더 어렵게 만들기 위해 경사가 심한 이단 그린을 만든 것 역시 그의 아이디어였다.

남서울CC는 1971년 10월에 개장되었는데, 허 회장이 한장상을 헤드프로로 임명했고 그는 연습장과 프로숍의 운영을 맡게 되었다. 이병철 회장에 이어 허 회장도 한장상을 신뢰하여 운영을 믿고 맡겼던 것이다. 한장상은 1978년까지 남서울CC 소속 선수로 활동했는데, 특히 1972년 일본오픈과 1973년 마스터스 출전 때도 남서울CC 소속이어서 허정구에게 보은했다.

지금은 남서울CC가 서울에서 가장 가까운 명문 골프장이지만 개장 당시에는 비포장도로를 달려야 했고, 회원권 분양 실적도 저조해서 한때 매각을 검토할 정도로 경영이 어려웠다. 그러나 한장상의 일본오픈 우승 후 일본에서 회원권 분양에 성공하면서 경영이 정상화되었다.

● 최고의 명예, 월드컵 한국 대표

한장상이 자신의 골프 경력 중 최고의 명예로 자부심을
느끼는 일은 한국 대표팀으로 월드컵에 9회나 출전한 최다 출
전 기록 보유 선수라는 사실이다. 아마추어 선수라면 국가대표
팀이라고 부르겠지만, 프로 선수로서 태극마크를 달고 국가를
대표하는 것은 단순히 상금을 타기 위해서 출전하는 것이라는
인식이 있어서 대표팀으로서 명예가 없었다. 박정희 대통령이
"일본오픈에서 우승해 국위를 선양한 것을 크게 치하하지만 프
로라서 훈장을 주지 못하는 것이 아쉽다."라고 말한 것만 봐도
프로 선수는 아마추어만큼의 명예를 인정하지 않았다. 한장상
은 비록 훈장을 받지는 못했지만 태극마크를 달고 국제대회에
출전한 것만으로도 생애 최고의 명예였다고 생각한다.

한국은 1956년 제4회 캐나디안컵(월드컵의 전신)에 연덕춘과
박명출을 대표 선수로 보내기 시작하여 7회까지 연속 출전했
지만, 1960년에 4·19 혁명의 여파로 출전이 중지되었다. 1961

년 9회 대회에는 한장상과 김학영이 출전하기로 되어 있었는데 5·16 군사정변으로 인해 무산됐다. 한국은 1965년까지 캐나디안컵에 불참했고, 한장상이 처음 출전한 것은 1966년이었다. 한장상은 당시 최고의 선수로서 출전이 정해졌는데 함께 출전할 다른 한 명을 선발해야 했다.

이순용 서울컨트리클럽 이사장이 "누구와 함께 가면 좋겠냐?"고 물었고 "홍덕산과 함께 가면 좋겠는데 제 마음대로 할 수 없으니 공정한 선발전을 열면 좋겠습니다."라고 대답했다. 마음속으로는 꼭 홍덕산과 같이 가고 싶은데 주위 선수들 사이에서 한장상과 홍덕산이 너무 친하게 지낸다는 말이 돌고 있어서 조심스러웠다. 홍덕산은 한장상을 잘 따랐고 어머니의 성씨와 같아서 은근히 친밀감을 느끼는 선수였다.

1965년 KPGA 선수권대회는 캐나디안컵 선수 선발전을 겸해서 개최되었다. 출전권이 달린 대회라 선수들이 더 긴장하며 출전했는데 홍덕산이 1라운드에서 이븐파를 치며 선두에 나섰고, 4라운드까지 한장상과 접전을 벌였는데 한장상은 홍덕산에게 "잘 쳐봐, 여기서 우승하면 나랑 일본 간다."라고 응원해 주었다. 결국 홍덕산이 14오버파로 우승하며 출전권을 따냈다. 한장상은 15오버파로 한 타 차 2등이었지만 자기가 우승한 것처럼 좋아했다.

한장상은 홍덕산과 함께 1966년 캐나디안컵이 열리는 도쿄로 가서 연습과 컨디션 조절을 하며 좋은 성적을 기대했다. 일본에서는 이미 여러 번 대회를 해봤기 때문에 현지 적응에도 문제가 없었다. 하지만 캐나디안컵 대회는 개인전과 단체전을 병행하므로 선수 두 명이 모두 잘해야 파트너 선수에게 나쁜 영향을 주지 않고 좋은 성적을 거둘 수 있다.

한장상은 샷이 잘 되어서 3라운드까지 언더파를 유지했는데 홍덕산의 샷이 좋지 않아 타수를 많이 잃었다. 장타자가 아닌 홍덕산이 푸에르토리코 선수의 장타에 신경을 쓰다가 집중력을 잃어버린 까닭이었다. 개인전에서 3라운드까지 4, 5등을 달리던 한장상도 팀 성적에 신경 쓰다가 무너지면서 20위 밖으로 밀려났고, 단체전도 26개 참가국 중에서 23위에 그치고 말았다. 경험 부족의 결과였지만, 그래도 다음에는 한 번 해볼 만하겠다는 자신감을 얻고 돌아왔다.

월드컵의 황금 콤비 김승학

1967년 중단되었던 캐나디안컵 대회는 1968년 월드컵이라는 이름으로 다시 열리기 시작했다. 한장상이 월드컵에서 가장 좋은 성적을 거둔 것은 1971년 미국 마이애미에서 열렸던 대회에 유망주로 떠오르던 후배 김승학과 함께 출전했을 때였다. 한장상은 김승학과 연습라운드를 돌면서 코스가 너무 어렵다는 것을 실감하고 자신감을 완전히 상실했다. 파 4홀이 450야드가 넘었는데 비까지 내려서 페어웨이의 롤이 없어졌으므로 드라이버샷의 거리가 훨씬 짧아졌다. 그렇지 않아도 외국 선수들에 비해 드라이버 거리가 열세였기에 핸디캡 극복이 훨씬 어려워졌다. 러프가 아주 길어서 그린 주변의 쇼트게임이 어려운 반면, 그린은 유리알처럼 빨라 볼에 퍼터 헤드를 대기가 겁날 지경이었다. 한장상은 거의 자포자기의 심정이었다.

다음 날 아침, 같은 방을 쓰던 김승학이 늦잠을 자며 일어나지 않았다. 한장상이 김승학을 깨우며 포기하지 말고 연습을 나가자고 했지만 김승학은 일어나지 않았다. 화가 난 한장상은 찬물을 한 컵 받아다가 얼굴에 확 뿌렸고, 깜짝 놀란 김승학이 벌떡 일어났다. "늦잠이나 자고 연습도 안 할 거면 집어 치우고 돌아가자!"는 그의 말을 들은 김승학이 자신의 잘못을 깨닫고 사과한 후 둘이 같이 연습장으로 나갔다.

　대회가 시작되자 롱 아이언샷이 핀에 붙어 버디가 나오는 등 두 선수 모두 운 좋은 장면들이 여러 번 나왔다. 둘은 결국 단체전 5위에 올라 꽤 많은 상금을 받았는데 당시 한국 골프의 수준을 감안하면 대단한 성공이었다. 5위의 기록은 30여 년이 지난 2002년 최경주와 허석호 콤비가 멕시코 대회에서 3위를 할 때까지 깨지지 않았다. 한장상과 김승학은 1972년 멜버른 월드컵 대회에도 함께 출전해 7위를 하여 월드컵 황금 콤비라는 극찬을 들었다.

　김승학은 서울 능동에 살면서 골프장에서 일하는 형의 영향으로 골프를 시작했는데 키가 178센티미터로 한장상보다 10센티미터나 크고 힘이 좋아서 샷의 비거리가 길고 볼을 다루는 솜씨가 좋아서 쇼트게임도 잘했다. 1968년 KPGA가 설립된 후 프로 테스트를 1등으로 통과했을 때의 스코어가 36홀에 4언더파였는데 합격선은 12오버파로 무려 16타나 차이 나는 좋은 성적이었다. 1973년 아시아서킷의 필리핀 오픈에서 프로 전향

후 첫 우승을 하면서 아시아 골프계의 강자로 떠올랐고 한국 선수로는 최초로 1973년 디오픈에 출전하여 선전했지만 아쉽게도 1타 차로 컷을 통과하지 못했다.

김승학에게는 한장상처럼 악착같은 헝그리 정신은 없었고, 허리 부상의 난관을 극복하지 못해 1983년까지 국내 8승, 해외 1승을 거둔 후 36세의 젊은 나이에 은퇴했다. 은퇴 후 석교상사를 세워 브리지스톤 골프용품을 수입하기도 했고, 1991년 일동레이크CC의 초대 사장으로 근무한 후 2000년 KPGA의 제10대 회장으로 선출되어 4년간 한국 골프 발전을 위해 봉사했다.

• 장타 파트너 박정웅

1976년 제24회 월드컵은 미국의 팜스프링스에서 열렸는데 이때는 박정웅과 팀이 되어 출전했다. 키 175센티미터로 당시 프로골퍼 중에서도 장신에 속했던 박정웅은 드라이버샷이 한장상보다 15야드는 더 긴 장타자였다. 1라운드의 동반 플레이 팀은 푸에르토리코였는데 1973년 마스터스에서 만났던 치치 로드리게스와 다시 맞붙게 되었다. 정이 넘치는 치치는 한장상을 보자 부둥켜안고 어깨를 치며 무척 반가워했다. 한장상은 라운드를 시작하기 전에 박정웅을 구석으로 불러서 말했다. "박 프로, 치치 로드리게스의 체격이 왜소해 보이지만 장타자니까 그와 거리 경쟁을 하지 말고 자기의 플레이를 하게." 1번 홀에서 첫 번째 드라이버샷을 잘 날린 박정웅은 치치와 비슷한 거리에 멈춘 볼을 보며 말했다. "형님, 한번 붙어볼 만하겠는데요?" "아니야, 안 그래. 치치가 패기 시작하면 점점 멀리 갈 거니까 거리에 신경 쓰지 마."

한장상의 염려는 2번 홀부터 현실로 나타나기 시작했다. 치치가 강한 스윙으로 드라이버샷을 날리자 박정웅도 지지 않으려고 힘껏 스윙했는데 OB가 될 뻔한 볼이 아슬아슬하게 살았다. 한장상이 제발 그만하라고 말했지만 박정웅은 자기도 모르게 힘이 들어가는지 5번 홀에서 OB를 내고 전반 9홀에서 43타나 치고 말았다.

후반에 들어가면서 치치가 한장상에게 오더니 박정웅의 골프가 이상하다고 말했다. 샷을 하면서 그립을 빨리 풀어버리니까 방향이 왔다 갔다 한다는 것이었다. 한장상은 박정웅에게 다가가 귓속말로 치치의 지적을 전달하면서 그가 친분이 있어서 알려주는 것이라는 말을 해줬다. 그 이후 박정웅은 안정을 찾으면서 더 이상 타수를 까먹지 않았다. 한장상은 박정웅과 20등을 넘기지 말자고 다짐했는데 다행히 14위로 대회를 마쳤다.

프로든 아마추어든 자신보다 장타자를 만나면 거리를 따라가기 위해 자기도 모르게 무리한 힘을 써서 근육의 피로가 빨리 오게 되고 스윙 컨트롤을 잃게 된다. 장시간 플레이해야 하는 골프의 특성상 한번 근육에 피로가 오면 라운드 도중에는 다시 회복하기 어렵다. 그래서 장타자를 만났을 때 거리를 따라가려는 욕심을 버리고 자신의 플레이를 하는 것이 중요하다.

마지막 월드컵 파트너 최상호

한장상이 통산 아홉 번째이자 마지막 월드컵에 출전한 것은 1983년 제29회 멕시코 아카풀코 대회였다. 이때 무려 열다섯 살이나 아래인 최상호와 함께 출전했다. 최상호는 프로 정신이 투철하고 집중력이 타의 추종을 불허하는 강자였으며, 1978년 여주오픈에서 첫 승을 올린 뒤 매년 승수를 쌓아가는 중이었다.

최상호는 어드레스 때 몸통을 약간 구부리는 특유한 자세에 탄도가 낮은 드로 구질을 잘 쳤다. 보통 프로골퍼들은 볼이 높이 뜨면서 지면에 떨어지면 쉽게 멈추는 하이페이드를 선호하는데 최상호의 구질은 그와 반대로 낮은 드로에 많이 구르는 볼이었지만 자기의 구질을 지혜롭게 이용하면서 KPGA의 최다승인 43승을 만들어냈다. 한장상은 최상호가 정통파 스윙은 아니지만 처음 배운 자기만의 스윙을 끝까지 지키며 오랫동안 한국 최고의 자리에 머무른 것을 칭찬하고 있다.

한장상과 최상호는 호흡이 잘 맞았다. 단체전은 두 선수가 비슷하게 잘 쳐야 상승효과가 나오는데 성적이 비슷하게 잘 나왔다. 32개국 중에서 5위를 거두었으며, 1971년 김승학과 함께 기록했던 5위와 같은 성적이었다.

● 한장상의 캐디들

　한장상이 캐디로 골프와 인연을 맺을 무렵에는 서울컨트리클럽의 회원이 300명 미만이었고 캐디의 숫자도 150명 정도에 불과했다. 캐디는 주로 17~18세 정도의 남자아이들이었는데 세월이 가면서 회원의 숫자가 늘어나니 자연히 캐디의 숫자도 250명까지 늘어났다. 또 캐디는 정년이 없으므로 30세가 넘는 캐디도 생겨 평균 연령도 높아졌다. 당시에도 골프장 경영자가 캐디를 관리하는 것은 쉽지 않았다. 캐디들은 캐디피 인상을 지속적으로 요구했고, 회원들은 너무 빠른 속도의 인상에 불만을 표시했다. 캐디피보다도 팁으로 주는 금액이 회원에 따라서 너무 차이가 나므로 가장 민감한 부분이었다. 골프장이 그린 보수 같은 코스 관리 작업을 할 때 캐디를 동원하고 노동비를 적정하게 지급하지 않아서 문제가 되기도 했다.

　1968년 5월, 캐디들이 총파업에 들어갔다. 표면적인 이유는 긴 가뭄을 극복하기 위한 우물 파기 공사에 캐디를 투입한 것에 대한 대응이었지만, 속내는 캐디팁 폐지 결정에 대한 불만 때문이었다. 당시에는 한양, 뉴코리아, 안양, 관악 등 골프장마다 캐디피가 달랐고 캐디팁을 허용하는 방법도 달랐다. 서울컨트리클럽은 최고 수준의 캐디피 인상안을 제시하며 협상한 끝에 캐디들이 사과문을 내고 현장에 복귀했다. 캐디 파업 이후에 골프장은 남자 캐디를 감축하고 여자 캐디를 증원하는 방향으로 정책을 수정했다. 그 파업은 1965년부터 처음 여자 캐디를 채용하여 20명 미만 정도로 유지되던 상황이 현재와 같이 대부분의 캐디가 여자로 바뀌게 된 계기가 되었다.

프로 경력 동안 한장상은 전속 캐디를 지명한 적이 없었다. 한국 시합 때는 몇 대회를 계속 같은 캐디와 플레이하기도 했지만 1년에 두 번밖에 없기 때문에 많은 대회를 함께 하지 못했다. 캐디도 시합 경험이 거의 없어서 현재의 전문 캐디처럼 선수에게 도움을 주지 못했고, 골프백을 메고 따라오는 짐꾼 정도의 역할이었다. 가난한 프로 선수들은 캐디 비용을 지급하는 것도 부담이 되어서 되도록 값이 싼 캐디를 찾았다. 우승을 해도 상금이 많지 않으므로 캐디피에 소액의 팁을 주는 것이 보통이었는데, 캐디가 만족하지 않는 경우가 많아서 대회 후 사이가 나빠지는 경우도 있었다.

일본 대회에서는 시합 전에 미리 하우스 캐디를 요청하고 시합장에 도착하면 골프장이 캐디를 배정해 놓는데 대부분 한장상보다 나이가 많은 여자 캐디였다. 일본오픈에서 우승할 때에는 한장상보다 스무 살은 더 위로 보이는 여자 캐디를 만났는데 골프백을 끌고 따라오는 속도가 늦어서 가끔 뒤에서 밀어주며 이동하기도 했다. 일본에서는 캐디피 이외에 팁을 별도로 주지 않는 것이 관행이었는데, 우승 후 캐디에게 웃돈을 조금 주기 위해서 경기위원회에 문제가 없는지 문의했다. 큰 금액이 아니면 감사의 표시를 해도 좋다는 확인을 받은 후 캐디에게 현금 봉투를 건넸다. 그 캐디는 다음 시합 장소에 도착한 한장상에게 전보를 보내왔는데 좋은 성적을 기원하고 팁을 준 것에 다시 한번 감사하다고 했다.

싱가포르, 태국, 말레이시아의 시합 때는 일단 연습라운드 날짜에 맞춰서 도착하면 남자 캐디들이 줄 서서 기다렸고, 그중에서 마음에 드는 사람을 골라서 라운드에 나가면 되었다. 필리핀에서는 7년 동안 같은 캐디를 썼는데 한장상보다 다섯 살쯤 위인 그 캐디는 일 년 동안 한장상을 기다리곤 했다.

제6대 KPGA 회장 당선

　한장상은 1983년 제6대 KPGA 회장 선거에 출마하여 당선되었다. 1982년 동해오픈과 쾌남오픈에서 우승하면서 총상금 1,395만 원으로 역사상 처음으로 1천만 원을 넘긴 상금왕이 되었고 제2의 전성기를 누릴 수 있었는데 1983년 마흔다섯의 나이에 잠정적인 은퇴를 하게 된 것이다. 사실 한장상은 50세까지 대회에 전념할 생각이었지만 주위의 선배들이 이번이 KPGA 회장이 될 차례니까 기회를 놓치지 말라고 부추겼다. 후배인 이일안 프로가 회장 선거에 출마했는데 후배가 먼저 회장이 되면 자기에게는 기회가 없을지도 모른다는 생각도 한몫했다.

　5대 회장까지는 추천으로 무투표 당선이었지만 이번에는 KPGA 역사상 처음으로 한장상과 이일안 두 명이 출마하여 투표로 회장을 선출하게 되었다. 두 후보는 워커힐 호텔에서 선거 공약을 발표하면서 대의원들에게 연설했다. 당시 프로골프계는 김승학과 손흥수가 동료들의 리더 역할을 했는데 양쪽에서 모두 한장상을 지지해 준 덕분에 꽤 큰 표 차이로 한장상이 당선됐다. 이일안은 제7대 회장을 지냈다.

회장으로 취임한 후 협회의 재정 상황을 들여다보니 큰 문제가 있었다. 창립 당시 3,000만 원 가까운 자산이 있었는데 15년이 지났는데도 4,100만 원에 불과했다. 인플레이션을 감안하면 오히려 줄어든 셈이었다. 신임 회장으로서 협회의 재정을 개선하는 것이 가장 시급한 과제였다. 한장상은 일본 투어 시절에 재력 있는 교포들과 좋은 관계를 맺었으므로 그들에게 한국 골프의 어려움을 설명하고 도움을 요청하기 위해 일본으로 출장을 갔다. 도쿄, 오사카 등 6대 도시를 돌며 설명회를 하고 모금 운동을 했는데, 결과가 성공적이어서 협회 자산이 7,000만 원으로 늘었다.

한장상은 새로운 대회 유치에도 성공적이어서 팬텀오픈을 추가로 개최하기 시작했고, 1985년부터는 매년 10개의 대회가 개최되었다. 개인의 재정도 넉넉하지 않았지만 자기 돈을 써가며 4년 동안 협회의 발전을 위해 회장 직무를 충실하게 했다는 자부심을 가지고 1987년 회장 임기를 마쳤다. 그러나 회장 업무 때문에 선수 생활을 더 오래 하지 못한 사실만은 두고두고 후회했다.

한국여자프로골프협회(KLPGA) 창설과
초대 회장 취임

한장상은 1988년 한국여자프로골프협회(KLPGA)를 발족시키고 초대 회장을 맡았다. 당시 구옥희, 강춘자, 한명현, 안종현, 이경숭, 정길자 등 여덟 명의 여자 프로 선수가 KPGA 소속이었는데, 독립하여 KLPGA 창설을 추진하고 있었다. 그들은 한장상을 찾아와 회장을 맡아 KLPGA 설립을 도와달라고 간청했다. 한장상은 그 제의를 거절한 후 여자 골퍼 중에서 재력이 있는 분을 찾아 회장으로 모실 것을 권유했다. 여자 골퍼라고 해봐야 10명도 안 되던 시절이라 누구를 찾아가야 할지 뻔했다. KPGA의 회장 경험으로 미루어 보아 초대 회장은 절대적으로 재력의 뒷받침이 있어야 한다고 생각했다.

하지만 마땅한 인물을 찾지 못한 여자 선수들은 결국 한장상 집까지 찾아와서 경험 있는 어른이 나서서 도와달라고 졸랐고, 그의 가족들은 극구 반대했다. 지난 4년간 KPGA 회장 생활을 경험하면서 회장 자리가 경제적으로 얼마나 어려운 것인지를 목격했기 때문이다. 하지만 한장상은 애제자인 구옥희의 간청을 끝내 거절할 수 없었다.

결국 회장 자리를 수락한 한장상은 1988년 12월 5일 창립 총회를 개최하여 KLPGA 초대 회장에 취임했다. 협회를 정식 사단법인으로 등록해야 하는데 선수의 숫자가 너무 적어서 추진할 수 없었으므로 급히 프로 테스트를 준비했다. 용인 한화 CC에서 가장 짧은 티 박스를 사용하고 핀 위치를 가장 쉬운 곳으로 정해서 난도를 낮춘 후 프로 테스트를 진행하여 18명의 프로 선수 합격자를 배출하기도 했다. 여자협회를 정상화하기 위해 개인 돈을 써가면서 대기업을 찾아다니는 등의 노력을 했지만, 당시는 여자 골프에 대한 관심이 낮아 성과를 내기 어려웠다. 결국 재정 상황을 크게 개선하지 못한 한장상은 33개월 동안 KLPGA를 위해 봉사한 후 물러났다.

• 수제자 구옥희

　한장상은 많은 사람들에게 골프 레슨을 했는데 가장 큰 보람을 느끼게 해 준 수제자는 구옥희였다. 구옥희는 KLPGA 20승, 일본 투어 23승, 미국 LPGA 1승을 합쳐서 총 44승을 거두며 한국 여자 골프 역사를 이끈 선구자였는데 그녀를 길러낸 스승이 바로 한장상이다.

　1956년 경기도 연천에서 태어난 구옥희는 1975년 고등학교를 졸업하고 캐디 생활을 하면서 골프와 인연을 맺었다. 1976년쯤 구옥희가 남서울CC에서 근무하던 한장상을 찾아왔다. 당시 한국 최고의 골퍼는 자타공인 한장상이었으므로 이름만 듣고 무작정 수소문하여 찾아온 것이었다. 체격이 별로 좋아 보이지 않아서 달갑지 않았지만 찾아온 성의를 생각해서 이것저것 물어보며 대화하기 시작했다.

　"골프를 배우고 싶어서 찾아왔습니다." "뭐 운동을 해본 것이 있는가?" "중학교 때 투포환을 했고, 고등학교 때는 육상 장

거리 선수였습니다." 이 말을 들은 한장상의 귀가 번쩍 뜨였다. 운동 경력으로 보아 잘 가르치면 좋은 선수가 될 수 있을 것 같았다. "골프로 성공하려면 다른 사람보다 두세 배 더 열심히 노력해야 하는데 내가 시키는 훈련을 전부 따라 할 수 있겠는가?" "네, 선생님이 시키면 뭐든 따라 하겠습니다."

한장상은 우선 두 가지 숙제를 주었다. 첫째로 무거운 쇠파이프를 하루에 100회 이상 휘둘러서 팔 근육을 키우고, 둘째로 하체를 강하게 만들기 위해서 자전거 타기와 달리기를 하라는 것이었다. 구옥희는 깜짝 놀랄 만큼 지독했다. 사실 쇠파이프는 남자가 휘두르기도 무거운 것이었는데 구옥희는 매일 200회 이상을 휘둘렀고 5킬로미터 이상의 거리를 뛰었다. 남서울CC의 연습생이 되어 볼을 어느 정도 치게 되었을 때 한장상은 구옥희를 데리고 연습라운드를 많이 했다. "네가 대선수가 되려면 나한테 9홀에 두세 타 정도를 받고 이겨야 한다. 그러면 일본도 보내줄 수 있다." 구옥희의 연습량은 남자 프로들도 따라가지 못할 정도로 엄청났고, 2년 뒤에는 기량과 점수가 급성장했다. 훈련의 효과도 놀라워서 여자 선수 중에서는 보기 드문 장타자로 발전했다. 한장상은 구옥희를 보면서 어쩌면 자기의 젊은 시절보다 연습량이 많을지도 모른다는 생각이 들었다.

1978년 KPGA에서는 여자 프로 선수 모집을 위해 테스트를 열었다. 총 네 명이 합격했는데 구옥희, 강춘자, 한명현, 안종현이었다. 하반기에 또 한 번 테스트를 열어 이경숭, 정길자 등 다른 네 명이 추가로 합격했다. 이듬해부터 KPGA에 여자부를 만들어서 대회를 열어주었는데 당연히 우승은 구옥희였다. 구옥희는 이미 독보적인 선수가 되어 있었고, 한국에는 맞상대할 수 있는 선수가 없었다.

1980년 겨울, 한장상과 구옥희 그리고 강영일 프로가 겨울 훈련을 위해 부산의 동래컨트리클럽에 갔다. 한참 훈련하는데 7번 홀에서 세컨드 샷을 하던 구옥희가 미스 샷을 내면서 볼이 엉뚱한 곳으로 날아갔다. 한장상이 그렇게 치면 안 된다고 야단치자 구옥희가 말대꾸를 하며 뭔가 중얼거렸다. 몹시 화가 난 한장상이 그따위로 하려면 골프를 그만두라고 소리치며 골프채를 거꾸로 잡고 종아리를 두 번 내려쳤다. 쓰러지는 구옥희에게 "또 그러려면 다시는 내 앞에 나타나지 마!"라고 소리지르며 라운드를 중단했고, 구옥희는 일주일 가까이 나타나지 않았다.

며칠이 지나서 남서울CC 프로실의 창문 밖을 보는데 구옥희가 들어오지 못하고 서성대고 있었다. 한장상은 애써 밖을 외면하고 있었는데 한참을 망설이던 구옥희가 문을 열고 들어왔다. 그녀는 자신의 잘못을 뉘우치고 용서를 빌러 찾아온 것이었다. "잘못했습니다. 용서해 주세요. 제가 정신 차리고 다시 해 보겠습니다." 한장상도 마음이 풀어져 말했다. "네가 성공하려면 모든 것을 참고 견뎌야 한다. 지나간 일들은 잊어버리고 다시 훈련하자." 그때 고비를 넘기지 못했다면 구옥희의 앞날은 더 험난했을지도 모른다.

구옥희를 일본으로 데리고 가다

마음을 잡고 다시 강훈련을 소화한 구옥희의 스윙은 훨씬 개선되었고 샷 결과도 안정되었다. 한장상은 구옥희의 기량이 일본에 진출할 수 있을 만큼 충분한 수준으로 올라왔다고 판단하고 일본행을 권했다. 일본에 가야 많은 대회에 출전하여 더 높은 수준의 골프를 배우고 상금으로 생활비를 충당할 수 있었기 때문이다. 한장상은 자기가 알고 있는 재일교포 인맥에 연락하여 구옥희를 도와달라고 부탁했다. 교포 야구선수 출신인 가네다에게 도움을 받았고, 백만섭이 나서서 통역과 운전을 도왔다. 일본 골프계의 대부였던 나카무라 도라키치에게도 구옥희의 후원을 부탁했고, 혼마 사장에게 연락하여 장비 후원도 받게 해 주었다.

한장상은 일본으로 출발하는 구옥희에게 당부했다. "일본에 가서 1, 2년 이내에 우승하지 못하면 희망이 없게 된다. 초기에 좋은 성적을 낼 수 있도록 집중해." 해외에 진출할 때는 어디를 가든 초기에 우승하는 것이 투어 생활의 승패를 결정하는 열쇠이다. 앞으로 계속 미국이나 유럽에 진출할 한국 선수들이 마음에 새겨야 하는 조언이다.

1982년 일본에 간 구옥희는 다음 해에 바로 프로 테스트를 통과했고, 1984년 첫 승을 올린 후 1985년에 3승을 거두며 탄탄대로를 걷게 되었다. 첫 우승 후 인터뷰에서 일본 기자들이 누가 스승이냐고 묻자 구옥희가 한장상 선생이라고 대답했다. 그 이야기를 전해 들은 한장상은 가슴이 뿌듯해졌고, 5년 이상 가르친 세월과 노력을 모두 보상받은 느낌이었다. 구옥희는 1988년 미국 LPGA 대회에서 한국인 최초로 우승하며 한국 여자 골프의 역사를 써 내려갔다. LPGA 대회에서 구옥희 다음으로 우승을 한 선수는 10년 뒤 1998년 맥도날드 LPGA 챔피언십을 제패한 박세리였다.

구옥희는 2013년 7월 10일 56세의 나이로 일찍 세상을 떠났다. 조카와 함께 일본으로 전지훈련을 갔던 구옥희는 컨디션이 나빠서 골프장에 가지 않고 혼자서 호텔에 남았다가 심장마비로 생을 마감했다. 유해가 한국에 왔을 때 장례식장에 간 한장상은 애제자를 잃은 슬픔에 눈물이 멈추지 않았다.

● 최고의 절친, 김동건 아나운서

　한장상에게는 친구가 많지 않다. 골프에만 마음을 열고 다른 사람들과 교류할 시간을 많이 갖지 못했기 때문이다. 주위의 선후배 프로들과는 경쟁 관계였으므로 자연히 폐쇄적이었고 연습에만 매진하다 보니 다른 사람을 만날 시간이 없었다. 골프가 왜 잘 안되는지 항상 불만을 가졌고, 동료들과 마음을 열고 놀아보지도 못했다. 그런 그에게도 최고의 친구가 있었는데 바로 동갑의 나이인 김동건 아나운서이다.

　김동건은 대한민국의 아나운서이자 1세대 아마추어 골퍼로서 핸디캡 2의 출중한 실력이고 라이프 베스트 스코어가 5언더 파이며 에이지 슈트(자신의 나이와 같거나 적은 타수를 기록하는 것)도 여러 번 했을 정도로 진지한 골퍼이다. 골프 대디로서 아들을 프로골퍼로 만들었을 만큼 골프에 대해 박식하고 큰 열정을 가지고 있어서 역사적인 골프 선수들의 스윙을 비교 분석할 수 있는 능력도 갖췄다. 아마추어 골퍼로서 한장상과 함께 가장 많은 라운드를 했던 사람이 바로 김동건이다.

김동건이 골프와 인연을 갖게 된 것은 방송인이라는 직업 때문이다. 1965년 동양 TV의 아나운서로 입사한 김동건은 상사로부터 골프를 배우라는 지시를 받게 된다. 당시에 갓 입사한 신입사원이 골프를 친다는 것을 상상하기 어려운 분위기였지만, 방송국에서는 김동건에게 골프를 가르쳐야 하는 속사정이 있었다. 안양CC를 건설 중이던 이병철 회장이 1966년 개장식을 하면서 골프 대회를 열고 중계방송을 준비하라고 지시했는데, 방송국에서도 골프를 아는 아나운서가 필요한 차에 체격이 좋은 신입사원 김동건이 발탁된 것이었다. 한국 최초로 골프 대회 중계방송을 준비하던 동양 TV는 중계 장비와 인력의 부족으로 인해 결국 골프 중계를 포기했다. 하지만 개장식 사회를 맡으며 골프의 매력에 빠지게 된 김동건은 그 후로도 골프를 계속해서 최고의 아마추어 골퍼가 되었고, 서울컨트리클럽에서 한장상을 처음 만난 후 그가 안양CC의 헤드프로로 오자 자연히 가까워지면서 절친이 되었다.

한장상과의 라운드는 남서울CC에서 가장 많이 했는데 여기에 얽힌 에피소드도 많다. 작은 내기 골프에서도 한장상은 항상 판돈을 쓸어갔다. 프로와 아마추어가 편을 짜서 내기할 때 김동건은 언제나 한장상과 같은 편이었으므로 그의 플레이 스타일을 잘 알 수 있었다. 한장상은 한마디로 지독한 완벽주의 자였다. 티샷을 한 후 잘못 쳤다고 비명을 지르는 그를 보며 상대 팀은 미스 샷이 난 걸로 기대했지만, 한장상의 볼은 페어웨이 가운데로 떨어졌다. 잘 치고 웬 엄살이냐고 핀잔을 주면 자기 목표에서 5미터 왼쪽에 멈춰서 그린 어프로치 각도가 나빠졌다고 불평할 정도였다. 마지막 홀에서 돈을 많이 땄으니까 미스 샷 한번 내 달라고 부탁하면 알겠다고 대답한 후 왼쪽 나무 방향으로 때린 볼이 페이드가 되어 페어웨이로 돌아오게 만들어서 약을 올리기도 했다.

김동건이 본 한장상은 골프의 천재였다. 파워 스윙보다는 정확성으로 승부했고, 특히 아이언샷의 퀄리티는 당대 최고로 임팩트 소리부터 달랐다. 낮게 날아가던 아이언샷이 목표 지점으로 가까이 가면서 점점 높아졌다가 그린에 떨어져서 멈추는 모습은 예술가의 작품처럼 보였다. 혼자서 만든 스윙이므로 눈에 띄는 특징들도 있었는데 백스윙의 톱에서 왼팔이 조금 굽혀졌고, 클럽페이스가 닫히는 방향으로 왼쪽 손목이 둥그렇게 꺾이는 모습이었다. 하체를 잘 써서 무릎의 움직임이 특별했고 볼을 끝까지 보기 위해 절대로 헤드업을 하지 않았다. 100미터 이내의 거리에서 친 볼은 언제나 홀 근처에 멈추는 컨트롤 능력도 갖췄다.

김동건이 가장 배우고 싶었던 한장상의 기술은 쇼트게임이다. 머리를 친 것 같이 빠른 속도로 굴러가는 볼이라서 그린 밖으로 나가는 줄 알았는데 볼은 강한 백스핀이 걸리면서 홀 옆에 멈췄고 매우 짧을 줄 알았던 볼은 한없이 굴러가서 홀 옆에 멈췄다. 한장상이 치는 방법을 설명해 줬지만 김동건은 그 샷을 마스터할 수 없었는데 결국은 수만 시간의 연습을 통해서만 만들 수 있는 기술임을 알게 되었다.

한장상은 때때로 스윙에 문제가 생겨서 볼이 잘 안 맞게 되면 김동건에게 도움을 요청하기도 했다. 김동건은 한장상의 스윙을 오랜 세월 지켜봐 왔으므로 미세한 동작의 변화까지도 감지할 수 있었다. 함께 라운드에 나가서 스윙을 관찰한 김동건이 9홀이 끝난 후 뭐가 달라졌는지 지적해 주면 바로 이해해서 교정했고, 후반 9홀에서는 예전의 완벽한 스윙으로 돌아왔다. 아무리 대선수라 하더라도 자기도 모르는 사이에 스윙이 바뀌는 것을 인지하지 못하므로 코치가 필요한 것인데, 김동건이 그 역할을 해 준 것이다.

김동건이 본 한장상은 불같은 성격의 독불장군 스타일이지만 남의 일을 잘 도와주는 따뜻한 성격의 친구이다. 특별히 공부한 것도 아닌데 일본어를 빨리 배워서 동료 선수들이 일본에 진출할 때 앞장서서 도와줬다. 그를 멀리하던 동료 선수들도 일본에서 그의 도움을 받은 후 진심을 알게 되는 경우가 많았다. 한장상이 혼마 클럽을 사용할 때 김동건은 물론이고 주위의 많은 동료들에게 혼마 드라이버를 챙겨다 주기도 했다. 젊은 시절 해외로 출장 갔던 김동건이 시합용 골프 볼을 한 박스 사다 주면 그렇게 좋아하던 한장상이 혼마 드라이버로 보은을 한 것이다. 어느 날 한장상이 새 아이언 세트를 가져왔는데 김동건이 잘 맞던 아이언을 왜 또 바꾸느냐고 핀잔을 주자 한장상은 이렇게 대답했다. "새 아이언이 훨씬 좋아. 살살 쳐도 똑바로 가고 세게 쳐도 똑바로 가거든." 김동건은 이런 대답을 할 수 있는 사람은 오직 한장상뿐이었다고 믿었다.

● 일찍 세상을 떠난 친구, 복싱 세계 챔피언 김기수

1966년 이탈리아의 벤베누티를 꺾고 WBA 세계 챔피언이 되었던 프로복서 김기수도 한장상의 절친이었다. 한장상이 복싱을 배우기 위해 한국체육관에 다닐 때 나이가 비슷했던 김기수도 함께 운동을 했지만, 체급이 달라서 친해질 기회가 없었다. 한장상은 밴텀급이고 김기수는 주니어 미들급이었기 때문이다. 한장상이 프로골퍼로 성공한 후 김기수의 프로모터가 두 사람을 소개해줬는데 함께 한국체육관에서 운동했던 사실을 알게 된 후 두 사람은 급속도로 가까워졌다.

한장상이 1969년 안양CC의 헤드프로를 사직한 후 비원 앞에 연습장을 열었는데 김기수가 찾아왔다. 이제 복싱에서 은퇴했으니까 골프를 좀 가르쳐 달라며 점심을 샀다. 한장상은 레슨비도 받지 않고 그를 가르치기 시작했는데, 세계 챔피언은 역시 달랐다. 골프 선수가 되기로 작심한 듯 아침부터 밤까지 쉬지 않고 연습 볼을 쳤다. 파워가 얼마나 좋은지 "야, 네가 연습 볼 다 깨뜨린다. 연습장 망가지겠다."라고 핀잔을 줄 정도였다. 김기수가 처음부터 복싱 대신 골프를 배웠다면 한장상을 능가하는 챔피언이 됐을지도 모른다는 생각마저 들었다.

175센티미터의 신장에 어깨와 팔심이 좋았던 김기수는 팔로만 휘둘러도 장타가 나왔으며 1년 만에 싱글 핸디캡 골퍼가 되었다. 우선 연습량이 상상을 초월하게 많고 운동신경을 타고난데다가 머리도 좋았다. 한장상이 한 가지 기술을 가르쳐 주면 바로 그 기술을 응용하여 다른 기술을 개발해 냈다. 김기수는 입문 2년 만에 뉴코리아CC의 회원권을 사더니 몇 번이나 클럽 챔피언이 되면서 아마추어 골프계의 고수로 인정받았다.

김기수는 한장상과 "이 새끼, 저 새끼." 하면서 내기 골프도 많이 쳤는데 9홀에 4점을 잡아주는 한장상에게 도저히 이길 수 없으니 자존심상 핸디를 더 달라는 말은 못 하고 내기를 피했다. 김기수에게는 왜글을 너무 오래 하는 나쁜 습관이 있었는데 함께 쳤던 동반자 중에는 김기수와의 라운드를 기피하는 사람도 있었다. 한장상이 그 습관을 고치라고 여러 번 지적했지만 잘못 들은 나쁜 습관은 고쳐지지 않았다. 그때나 지금이나 지나치게 긴 왜글로 플레이가 늦는 골퍼를 좋아할 사람은 없다.

김기수는 1997년 간암으로 갑자기 세상을 떠났다. 죽기 전에 그의 얼굴이 점점 까맣게 변해갔는데 주위 사람들은 골프를 너무 많이 쳐서 햇볕에 탄 것으로 생각했다. 한장상은 그를 살리지 못한 것을 너무도 애석해한다. 김기수를 생각하면 골프는 역시 타고난 운동신경이 있어야 하고, 연습량에 비례해서 잘 치게 된다는 것을 알 수 있다.

현재의 후배 선수들에 대한 생각

한장상의 시대와 비교하여 현재의 선수들에게서 느끼는 가장 큰 차이점은 체격이다. 168센티미터의 한장상은 당시에도 아주 작은 체격은 아니었는데, 현재 선수들의 키와 잘 발달한 체격을 보면 놀랍고 부럽다고 느낀다. 그러나 그런 멋진 체격을 갖추고 성능이 훨씬 우수한 볼과 클럽을 가진 선수들의 샷을 보면 만족스러운 구질이나 기량을 발견하기 어렵다. 훨씬 더 높은 퀄리티의 샷을 칠 수 있는 여건이 충분히 되어 있는데 왜 못하는 것일까?

첫 번째 이유는 절대적으로 부족한 연습량이다. 한장상이 연습생 시절 목숨 걸고 연습했던 것에 비하면 지금의 선수들은 너무 쉽게 선수 생활을 한다. 외국 선수와 비교하여 기량이 떨어지는 이유는 연습량에서 따라가지 못하기 때문이다. 한장상은 자기 연습량이 세계의 어떤 선수와 비교해도 적지 않다는 확신을 가지고 있다.

두 번째 이유는 헝그리 정신이다. 모든 것이 풍족한 시대에 살고 있으니 당연하다고 생각할 수도 있겠지만, 골프가 정신력의 스포츠라는 것을 생각하면 개선할 대책이 필요하다.

세 번째는 우리나라의 열악한 연습 환경이다. 한국은 연습 볼을 대부분 인조 매트에서 쳐야 하는데 천연 잔디나 맨땅이라도 야외에서 연습해야 기술을 개발할 수 있다. 현재 프로 선수들의 연습 여건은 어쩌면 골프장이 서울컨트리클럽 한 개뿐이던 시절만도 못하다. 한국의 골프장들이 골프 선수들에게 연습라운드를 허용하는 아량을 베풀어야 우수한 선수가 나올 수 있다.

한장상은 2024년 신한동해오픈에서 상위 7등까지 일본 선수가 5명이나 되고, 우승까지 일본에 빼앗기는 것을 보면서 한국 남자 골프가 이대로 일본에 밀리는 것은 아닐지 걱정하고 있다. 현재의 추세라면 최상호의 43승을 추월할 수 있는 선수가 오랫동안 나타날 것 같지 않다는 우려도 있다. 한장상이 보았던 최상호의 지구력과 정신력을 따라갈 만한 선수가 보이지 않기 때문이다. 선수들의 목표 의식과 주니어 선수 육성 방법의 변화가 필요한 때이다.

은퇴한 골프 영웅 한장상

KLPGA 초대 회장에서 물러난 한장상은 다시 선수 생활이 하고 싶었다. 50세가 넘었지만 아직 아이언샷을 잘 칠 자신이 있고, 티샷 거리도 젊은 선수들과 경쟁할 만했다. 55세까지는 상위권에도 여러 번 갔었고, 60세가 넘어서도 계속 도전했지만 결국 우승은 찾아오지 않았다. 2007년까지 50년 연속 KPGA 선수권대회에 출전하는 기록을 세울 정도로 엄청난 열정이었다. 나이 먹은 선수가 젊은 선수를 이기기 어려운 이유는 거리의 열세보다는 퍼팅이 부정확해지기 때문이라는 사실도 뒤늦게 깨우쳤다. 시니어 대회가 창설되어 3회 우승했지만 별다른 만족감을 느낄 수 없었다.

1990년대 중반, 주니어 골프 아카데미를 설립해서 선수 양성에 힘을 쏟았지만 5년 후 사업을 포기했다. 학생들이 스스로 연습에 올인해야 하는데 선생이 볼 때만 연습하고 안 보면 모여서 잡담을 하곤 했다. 그 정도의 연습량으로는 절대로 대선수가 될 수 없다는 것을 한장상은 너무나 잘 알고 있었다. 부모들은 한장상이 빨리 잘 칠 수 있는 기적 같은 기술을 가르쳐주리라 기대하는 것 같았지만, 골프에 그런 기술은 없다. 골프는 선생이 가르쳐서 되는 것이 아니라 연습량에 비례해서 성공 확률이 높아진다는 것을 부모와 학생들에게 알려주려고 노력했지만 결국 실패했다.

65세가 넘어서는 강동구 상일동 산성골프장에서 레슨을 시작했다. 돈을 벌겠다는 목적보다 매일 볼 치는 소리를 들으며 골프와 함께 시간을 보내고 싶었기 때문이다. 지금도 가끔 산성골프장에 가지만 한장상에게 레슨을 받겠다는 골퍼는 거의 사라졌다. 70세가 넘으면서부터 일반 골퍼들이 한장상의 레슨을 신뢰하지 않는 것 같았다. 그들은 다른 스포츠와 달리 골프에서는 새로운 기술이 과거의 기술을 제압하지 못한다는 사실을 모르고 있다.

한장상은 2019년 부인이 먼저 세상을 떠난 후 1남 4녀의 자녀들과 떨어져 홀로 살고 있다. 일찍 학업을 중단하고 돈을 버는 기술은 배웠지만 돈을 지키는 방법을 배우지 못한 까닭에 현재 경제적으로 어려움이 있지만 평생 지켜왔던 근검절약의 자세로 편안하게 생활하고 있다. 챔피언으로서의 자존심과 체면을 지키려고 하지만, 챔피언의 특별한 대우를 받는 것은 필요 없다고 생각하는 골프 영웅의 자세가 존경스럽다.

신한동해오픈 1, 2회를 연속 우승했던 인연으로 한장상을 돕기 위해서 신한금융그룹이 후원을 검토했지만 그가 사양했다. 노쇠한 선수로서 자기가 기여하는 것도 없는데 도움을 받을 수는 없다는 생각이 확고했다. 한장상은 현재 KPGA의 고문으로 있는데, 협회가 아직도 중요한 대회나 행사에 초대하고 교통편의까지 베풀어 주는 것에 감사한다.

한장상은 한 시대를 풍미한 한국 최고의 골프 영웅이지만, 대중은 그를 알아보지 못한다. 지금은 골프 인생 70년을 마무리하며 쓸쓸하게 퇴장하는 노익장의 뒷모습만 남아 있다. 그러나 한장상은 골프 역사에서 한국을 대표하는 가장 위대한 골퍼 중 한 사람으로 영원히 기억될 것이다.

나가는 말

한장상에게 한국 골프 역사를 위해서 전기를 남기자고 제안한 시기는 2023년 9월이었다. 그에게 조금 생각해 보자는 답변을 듣고 한 달쯤 지나서 한번 써 보자는 연락이 왔다. 11월에 첫 번째 인터뷰를 시작한 이래 서른 번 넘게 만나서 작업한 끝에 2024년 11월에 원고를 마무리했다. 수술을 받아야 할 정도의 건강상 문제로 2개월 정도 공백이 있었지만, 한장상은 인터뷰 요청에 언제나 열정적으로 응해 주었다.

86세 노인의 기억력은 아주 훌륭했지만 기억에 의존해서 역사를 쓸 수는 없었다. 인터뷰에서 들었던 우승 연도, 우승 점수 등의 모든 숫자를 검증하기 위해서 필요한 자료들을 찾아 일일이 확인했다. 한장상이 한국 프로골프의 전설로 인정받는 명성에 비해 남겨진 자료가 너무 적었으므로 구술에 의존해야 하는 경우도 많았다. 스윙 동영상도 찾지 못했고, 전성기에 찍은 컬러 사진도 없었다.

다행히 일본골프투어 'JGTO'의 회장인 유타카 모로호시(Dr.

Yutaka Morohoshi)가 일본골프협회(JGA)에 수소문하여 보내준 컬러사진을 몇 장 받을 수 있었다. 2024년 신한동해오픈에서 우연히 만난 모로호시 회장이 한장상의 전기에 대해 큰 관심을 표해서 일본에 있을지도 모르는 사진을 찾아봐 달라고 부탁했 는데 돌아가서 잊지 않고 도움을 준 것이다. 한장상은 일본 골 프의 역사이기도 하므로 책이 나오면 꼭 보내 달라고 부탁하며 돌아간 모로호시 회장에게 너무나 큰 감사의 말을 전한다.

한장상에게 골프 이외의 다른 인생은 없었다. 그가 한 시대 를 제패할 수 있었던 이유는 경쟁자들을 뛰어넘는 생존 본능과 투쟁력, 그리고 그들과 다른 수준의 강심장을 가졌기 때문이다. 학력이 부족했고 외국어를 배우지 못했음에도 불구하고 외국 문화에 대한 적응력이 높았던 것은 그가 얼마나 명석한 두뇌를 가졌는지 증명해 준다. 이 전기로 인해 골프 인구가 적었던 시 절의 외로웠던 영웅이 현재와 같은 골프 번영기의 스타로 재탄 생하기를 바란다.

필자는 역사적으로 위대한 골프 선수들의 전기를 거의 다 읽었다고 자부하는데, 한장상의 이야기가 주는 감동은 어떤 위대한 선수와 비교해도 모자람이 없다. 한장상이 한국 골프 역사에 영원히 기억되기를 바라며 남은 인생을 지금처럼 꼿꼿한 자세로 행복하게 살기를 기원한다.

박노승

최종 인터뷰를 마친 후 기념사진

한장상,
한국 골프의 전설

초판 1쇄 발행 2025년 2월 28일

지은이 박노승
펴낸이 임용훈

편집 전민호
용지 ㈜정림지류
인쇄 올인피앤비

펴낸곳 예문당
출판등록 1978년 1월 3일 제305-1978-000001호
주소 서울시 영등포구 문래동 6가 19 문래SK V1 CENTER 603호
전화 02-2243-4333~4 | **팩스** 02-2243-4335
이메일 master@yemundang.com | **블로그** www.yemundang.com
페이스북 www.facebook.com/yemundang | **트위터** @yemundang

ISBN 978-89-7001-717-4 03990

· 본사는 출판물 윤리강령을 준수합니다.
· 이 책은 저작권법에 의하여 보호를 받는 저작물이므로 무단전재와 무단복제를 금합니다.
· 파본은 구입하신 서점에서 교환해 드립니다.